テトラローグ

こっちが正しくて、あんたは間違ってる

著　ティモシー・ウィリアムソン

訳　片岡 宏仁　　解説　一ノ瀬 正樹

TETRALOGUE:
I'M RIGHT, YOU'RE WRONG

was originally published in English in 2015.

目次

第Ⅰ部　調停の危機……1
第Ⅰ部のふりかえり
第Ⅱ部　真理の恐怖……43
第Ⅱ部のふりかえり
第Ⅲ部　傲慢の利点……97
第Ⅲ部のふりかえり
第Ⅳ部　価値の悪徳……147
第Ⅳ部のふりかえり
謝辞　199
解説（一ノ瀬正樹）　201

凡例

一、原文のイタリックは基本的に傍点に対応させ、場合によって「　」を用いている。
一、文中の亀甲カッコ〔　〕は訳者による補足。
一、小見出し、各部のふりかえりは原著にはない。読者の便を考えて新たに作成した。

{第 I 部}

調停の危機

The Perils of Peacemaking

思いがけない再会から、思いがけない口論に

サラ　座ったらすぐにメールしよ。ほんと、誰かが言い出さなきゃ、なんにも改善しないんだから。《この電車の混雑ぶりは、たいへん残念です。乗客数の予測に科学的なアプローチが必要です》……っと、空席めっけ。あれ、ボブじゃない——うれしい偶然だな。
ボブ　ちっす、サラ。
サラ　前に会ってから、もう何年ぶりかな——えっ、その足どうしたの！　痛そう。なにがあったの？
ボブ　ウチの庭の塀が倒れてさぁ。そばで球根を植えてたら、ちょうどそこにズシーンだよ。足に落ちてきたんだ。あと何ヶ月かはギブスつけっぱなしだな。
サラ　最悪だなー。かわいそうに。
ボブ　庭のあそこらにはめったに立ち入らないんだ。んで、めずらしくいたら、ビンゴで塀に倒れられちゃってさ。
サラ　あー、ひどい不運だね。
ボブ　運がわるいとかどうとかじゃないんだな。
サラ　どういうこと？

ボブ　ウチの隣に住んでるばあさん、覚えてる？　近頃、会うたびにイヤな顔すんだよ。
サラ　誤解してるんじゃない？　あたしにはイイ人そうに思えるけど。寄付のお願いに回ったら、いっつもよくしてくれるし。まあいいや、あの人が庭の塀となんの関わりがあるの？
ボブ　たぶん、思ってる以上だよ。
サラ　どういうこと？
ボブ　あのばあさん、ずっと俺のことが気にくわなかったんだよ。塀が倒れたところに俺がいてくれて好都合ってわけ。
サラ　まさか、キミをねらってあの人が塀を倒した、とか言いたいわけ？　そんなことする人だなんて、ちっとも思えないけど。どっちにしたって、あの人って小柄で力も弱いから、塀なんて倒せっこないでしょ。
ボブ　塀を押し倒したって話じゃないよ。
サラ　じゃ、どういうこと？
ボブ　ばあさんが独り言ブツブツ言ってるの、見たことあってさ。
サラ　誰だって独り言くらい言うじゃない。
ボブ　ただの独り言じゃないよ。たくらみがあったんだ。
サラ　彼女、なんて言ってたの？
ボブ　そこまでは聞こえなかった。でも、いいことじゃあない。
サラ　わけわかんない。
ボブ　塀が倒れたとき、あのばあさんは様子を見に庭に飛び出してきたんだ。まるで、ちゃんと俺に倒れかかったか確かめてるみたいだった。もちろん、心配そうなそぶりはしてたけどね。救急車を呼ばなきゃいけなかったし。なにしろ、そんなことでもしないと、見え見えになっちゃうからね。

サラ　ほらほら、自分で認めちゃってるじゃない。塀が倒れたとき、彼女は家のなかにいた。きっと、すごい音がしたんでしょ。誰だって、「なにごとだろう」って様子を見に出てくるよ。キミと同じくらいびっくりしてたんじゃないかな、彼女。

ボブ　遠くから塀を倒す方法なんて、いくらでもあるさ。

サラ　ダイナマイトとか？　ばかみたい。

ボブ　言葉があるさ、強力な言葉がね。

サラ　まあ、誰かに頼んで塀を押し倒してもらうって手もあるっちゃあるけど。だったら、キミはその共犯者の姿を見かけてなきゃおかしいじゃない。

ボブ　言葉には他にもやりようがあるよ。

サラ　なんだか、キミが言ってることって呪文の話みたい。

ボブ　まさにそれだよ。

サラ　しっかりしなよ、ボブ。いま21世紀だよ？　呪文なんかに効き目なんてないってみんな知ってるでしょ。彼女はそんなことする人じゃないけど、百歩ゆずって、かりに塀を倒すつもりで呪文を唱えてたとしてさ、倒れたホントの原因とはなんにも関係ないのは自明じゃない。

ボブ　そうかな？

サラ　あの塀ってさ、このところすっかり荒れちゃってたよね。てっぺんのタイルの状態もわるかった。だから、雨はあっさりと塀の内側にしみこんでいけちゃう。モルタルがなくなってるところだってあちこちにあった。倒れるのは時間の問題だったんだよ。

ボブ　サラ　まあね。だけど、なんでちょうど俺がいるときに倒れてきたのさ？　そこを説明してよ。

サラ　なんで他でもなくそのタイミングで塀が倒れたのかって理由なら、完璧に科学的な説明がつくね。ごくふつうの腐食っていう物理的なプロセスがすすんで、ついに倒壊するに及んだんだよ。キミにとっては不幸なことに、その決定的な瞬間に、まったくの偶然で、キミは球根を植えようって思い立ってしまった。

ボブ　「偶然」！　それは説明っていうにはずいぶん不足があるな。

サラ　もしミクロな初期条件を十分な細部まですべて知り尽くしていれば――

ボブ　なにそれ？

サラ　倒れる前の塀とキミの脳みそと周りの状況のあらゆる分子と場の記述の話。それがぜんぶわかってれば、物理法則と合わせて、二つのことが同時に起きた理由が説明できる。なんにも謎なんてない。

ボブ　科学が偶然を説明でき
る
って言うのはかんたんさ。でも、サラは科学的に説明してないじゃん。ただ、できるって言い切っただけで。

サラ　それ不公平。キミんちの庭の塀が倒れた理由を説明するために西洋のあらゆる科学的リソースが投入されるなんて、まさか期待しないでしょ？　べつに教条的なことを言ってるわけじゃないし。ただ、原則として、科学的な説明がつくのを疑う理由がひとつもないってだけの話。

ボブ　それを信頼して真に受けろっての？　いつだってなんだってサラがいちばんよく知ってるってわけじゃないだろ。俺はただ、説明をひとつしゃべってるだけだよ。（おっと、大声だしちゃいけないな。）ウチのお隣さんは魔女なのさ。あのばあさん、いっつも俺のことをきらってやがる。ウチの塀に魔法をかけて、ちょうど俺がそばにいるときに倒れかかるように呪いをかけたんだ。偶然なんかじゃない。サラが原子だの分子だの持ち出して、そのありがたい科学的説明とやらをつけてくれたって、そりゃただの技術的な細部ってやつさ。なんであの二つのことが同時に起きたのかって理由の説明にはちっともなりゃしない。

サラ　でも、お隣さんの言葉がどうやって塀を倒したのか、キミは説明してないよね。

ボブ　魔法の仕組みなんて、誰が知るもんか。なにをどうしでかすかにしたって、俺がいたところにちょうど塀が倒れた理由なら、あのクソばばあの悪意が説明になる。球根を植えようって俺じしんの心のなかで決めたらなにがどうなって俺の足が動いて庭まで歩いて行くことになるのか、サラには説明なんかつけられないだろ。

サラ　科学者がそういう説明をつけられるようになるのは、時間の問題だよ。ほんのここ数年で、神経科学はものすごい進歩したもの。脳と神経系の仕組みは、だんだん明らかになってきてるよ。

ボブ　サラは科学信仰でそう言うだろうさ。専門家の魔女だったら、きっともうとっくに魔法の仕組みを説明できるようになってるんじゃないかな。ただ、自分たちの知識をまわりと共有しないんだ。危険すぎて。なんで俺が魔法よりも現代科学を信頼しなくちゃいけないのさ？

サラ　現代科学のありとあらゆる証拠を考えてみなよ。これほどたくさんのことを説明できるんだよ。魔法について、どういう証拠があるっての？

ボブ　まず、俺の庭の塀がそうだよ。

サラ　そうじゃなくって、あたしが言ってるのは、まともな証拠の話。対照実験の統計的に有意な結果

ボブ　だとかの、信頼できるデータはどうなのって聞いてるの。科学はそういうデータを示してるよね。昔、魔女どもがどう迫害されて、まっとうにもちゃんと処刑されたか、サラだって知ってるだろ。あいつらの大勢が拷問されて、火あぶりにされた。やつらがあんまりあからさまに力をみせつけたりなんかしたら、法廷で立証されかねないことになって、また同じことが起こるかもしれない。あの手のドツボに連中がまたみすみすハマるなんて、サラは思う？　なんにしたって、魔法なんざ、科学界隈じゃはやりゃしないし、まじめに研究に取り組んで魔法の仕組みを検証したりなんかして、わざわざ自分の学者としての評判を危険にさらそうなんて科学者がいったい何人いる？

サラ　現代科学で、人は月まで行ったんだよ。それにちょっとでも近いことを、魔法はやった？

ボブ　よく知らないけど、あの月面歩行のフィルムってことになってるヤツは、地上のスタジオで撮影されたんだぜ。そんで、浮いた金は軍隊に使われたんだってさ。ともあれ、魔法で月に行った魔女がいないなんて、誰が言ってる？　それって、学のある連中が言う「論点先取り」ってやつじゃん？

サラ　あーもう、こんな会話しちゃってるなんて、信じらんないよ。キミってマジで科学ジャーナルが現代科学理論の証拠満載だってのを否定するわけ？　ああいう証拠がそろいもそろって魔法を否定してるって思わないの？

ボブ　その証拠とやらがまがい物じゃないって、どうやってわかる？　このところ、科学者が実験結果をごまかしたりでっちあげたりしたってスキャンダルが次々でてきたじゃん。知らんけど、発覚した連中は氷山の一角なんじゃないの？

サラ　そういうこと言うなら、周りいっぱいにある科学技術の成果を見てみなよ。キミがいま乗ってるのは電車、それに、ラップトップＰＣも携帯電話ももってるみたいだね。そこにつまってる科学のことを考えてごらんよ。それも魔法で動いてる、なんて言わないよね？

ボブ　現代の科学と技術そのものは、そりゃ実に結構なもんさ。俺だってケガのときは救急車で病院に運ばれたんだ。魔法のほうきですっとんでったわけじゃない。ありがたい話でね。だからって、現代科学がなんだって説明できるってことにはならない。

サラ　現代科学そのものが実に結構なものだって言うなら、繰り返しだけど、その証拠って、魔法を否定する証拠になってるって思わない？

ボブ　なんでそうなるのかわかんないな。サラってさ、現代科学から、「魔法は機能しない」って結論が出るように考えてるみたいだけど。なんでそんなに自信がもてるの？　俺が知るかぎり、サラが言う科学理論は、べつに魔法について直接なにか肯定することも否定することも言ってないよね。ついでに言えば、政治家どもについてだって、べつに肯定も否定も言ってない。だからって、現代科学からは政治的プロパガンダは無効だって導き出されやしないだろ。なんで魔法だけは別物扱いなのさ。

サラ　でも、魔法にはなんだか現代科学の知らない力があって、それで科学の予測に介入するんじゃなかったっけ？

ボブ　現代科学の知らない力って言うけど、現代科学はなんだって知ってるって主張してるんじゃなかったっけ？　魔法だって、科学の法則と一致するかたちではたらくかもしれないだろ。独自の目的のために科学法則を利用してさ。もしかしたら、魔法が科学的予測の実現を助けることだってあるかもしれない。

サラ　原則としては、そういうことは除外できないかもね。でも、実際には、もし魔法がほんとに機能するんだとしたら、とっくにもっといい証拠がでてきてよさそうなもんじゃない？　たとえば、テレビ番組でうまいこと魔法を使って一財産をかせぐ誘惑にまけちゃう魔女なんかがいてもおかしくないでしょ。「あの有名タレントが、今晩、魔法でカエルに！」——視聴率すごそうじゃない。

ボブ　かりに魔女がそういうことをやったとして、たいていの人らは、「なんかのトリックだな」って思うだけだろ。正直言って、そういう状況で魔法がうまくはたらくかわかんないし。魔法っては、世間の目にふれるのをみずから避けるもんなんだ。かぎられた人だけのもんなんだ。

サラ　都合がいいなぁ。証拠が足りないのを、なんだって魔法で説明つけたことにしちゃってるの、わかってる？　こんな言い方をしてみようか。現代科学を支持する証拠は大量にある。魔法を支持するまともな証拠はぜんぜんない。歴史上、魔法と言われたものの裁判はいろいろあったけど、その大半で、訴えられた人たちは貧しい無実の老女で、慈善を施さなくてやましく感じてた隣人たちに非難されてただけだったり、そうじゃないとしたら、病気の子供を治してくれって頼まれたのに客の願いを叶えられなかった民間療法家だとか、その手の人たちだったりしたんだよ。まさか、16世紀や17世紀のサディスティックな拷問で引き出されたああいう自白が事実だったなんて、あたしが信じると思う？　これまでのところ魔法はたんなる迷信だって仮説が、ああいう現象のいちばん単純な説明じゃない？

ボブ　単純さは真理とは別物だろ。サラの言ってることは正しいよ。いわゆる魔女の多くは、ホンモノの魔女じゃない。もしかすると、大半がそうかもしれない。夜中に全裸で踊るのが好きな中流のイカレ女が魔女のまがいものなのはまちがいないし。だけどさ、だからって、マジもんの魔女がいないってことにはならないだろ。「自分はお利口だ」って言ってる連中がお利口だったためしはないんだ。でもまあ、そうだな。なかには、ほんとにお利口なやつらはいる。お利口すぎて、自分からお利口でございなんて言えないやつらがね。俺や、他の連中にふりかかったことはたくさんありすぎて、魔法と言うしか説明のしようがないんだ。そういう証拠を見れば、一発で自明とわかる。ホンモノの魔女はいる。隣のあのばあさんがそのホンモノさ。俺の足を見てくれよ。

サラ　キミが信じてるのは魔法だけ？　それとも、他のありとあらゆる迷信を信じてるの？

ボブ　「迷信」ってか！　魔法についていては、自分の個人的な経験から知ってるんだよ。べつに、人に聞いて教わったり、本を読んで知ったわけじゃない。自分で経験してないことについては開かれた心でのぞもうとしてるんだよ。

サラ　「開かれた心」ってか！　キミって、経験を自分独自の先入見で解釈してるだけだよ。我が身の不運を「おまえのせいだ！」ってなすりつける手頃な相手がほしいっていうのぞみにかなうように、庭の一件をゆがめてるじゃない。

ボブ　「ゆがめてる」ってか！　サラはあのクソばばあが浮かべやがるあの表情を見たことねえんだよ。あいつのツラこそゆがんでらぁな。

サラ　キミと議論しても無駄っぽいや。魔法を信じる気持ちはなにがどうしたってゆるがないんだから！

ボブ　サラこそ、現代科学を信じる気持ちはどうしたってゆるがないじゃん？

３人目登場

ザック　あのー、横から失礼。ここで座っておふたりのやりとりを聞いていますと、どうにも口を出さずにいられなくなりまして。どうも、ずいぶんと興奮してらっしゃるようだ。もしかしてお力になれるかもと思いましてね。こう言ってはなんですが、おふたりとも、お互いに上から目線になってらっしゃる。「こっちが正しい、そっちが間違ってる」とばかりの態度じゃないですか。

サラ　だって、あたしが正しくて、ボブが間違ってるし。

ボブ　いや、俺が正しくて、サラが間違ってるんだって。

ザック　ほらほら、それ、それですよ。それじゃドン詰まりだ。どうも、どちらも相手の方が間違っていると決定的に証明するのは無理なのが見えてきましたね。

サラ　まあ、いまこの電車のなかでは無理だろうけど、科学の発展を待ってみればいいよ――科学が達成できることに限度があるって言い切った人たちなんて、だいたい赤っ恥をかいてるんだから。

ボブ　サラこそ、呪文のエジキになるのがどんなもんだか、いまに見てるこった。魔法が達成できることに限度があるって言い切った人たちなんて、赤っ恥かくどころじゃすまねえんだから。

ザック　ですが、おふたかたとも、ご自分の視点から見れば、それぞれなかなかに正しいのではありませんか。そちらの――

サラ　サラ。

ザック　はじめまして、サラ。あ、そうそう、ぼくはザックといいます。サラが言っていることは、現代科学の視点から見れば完璧に理に適っていますよね。それに、そちらの——

ボブ　ボブ。

ザック　はじめまして、ボブ。ボブが言っていることは、伝統的な魔術の視点から見れば完璧に理に適っていますね。現代科学と伝統的な魔術はそれぞれにちがった視点ですが、それぞれの観点で妥当なんですよ。ひとしく理解できる言い分です。

サラ　まあ、同じくらい理解可能ではあるけど、だからって同じくらい真実だってことはないよね。

ザック　「真実」ね。実にキケンな言葉ですね、サラ。窓からこのすてきな景色を楽しんでいるとき、「自分の見方こそ正しい、あっちの窓から景色を見ている人たちは間違った見方をしている」なんて言いますか？

サラ　言うわけないけど、それ、フェアな喩えじゃないよ。

ザック　そうでしょうか？

サラ　それぞれの窓からちがったものを見てるのは、ちがう方向を見てるからでしょ。でも、現代科学と伝統的な魔術は同じ世界を見ながら、両立しないことを言ってる。たとえば、ボブんちの塀が倒れた原因について、両立しないことを言ってるわけ。一方が正しいなら、他方は間違ってるんだよ。

ザック　サラ、誰かが正しくて誰かが間違っていなきゃならないと言って両者を両立できなくしているのは、あなたですよ。そうやって白黒つけて判じたてる言い方がでてくるのは、私たちが神の視点をとれるという考えが根っこにあるんですよ。ですが、私たちはみんなただの人間にすぎません。私たちには、おふたりが言っているような、正否の確かな判断などできないんですよ。

サラ　そうは言うけど、ザック。ボブとあたしの両方とも、「現代科学か魔術か」で正しい答えとマチガイがあるって決めてかかってる点でまちがってるってキミは言ってるわけだよね。で、正しい答えもまちがった答えもないと言ってる自分は正しいとキミは言うわけだ。というか、キミって矛盾してない？

ザック　さっき言ったように、おふたりのどちらも、それぞれの視点から見て正しいんです。相手を裁く立場に立とうとしてみてもなんにもならないと、ぼくは言ってるんですよ。

サラ　そうやって、自分こそあたしたちを裁く立場に立ってるんじゃない？

ザック　ぼくは誰のことも裁いちゃいませんよ。ただ、手助けをしようとしてるだけで。

サラ　えっとね、あたしは、お隣さんの呪いなんか心配しなくてもいいよって説明して、ボブのことを助けようとしてるんだよね。魔術よりも現代科学の方が、みんなの助けになるんだよ。

ボブ　俺が呪いを払いのけるのに、現代科学がどう助けになるっての？

サラ　払いのける以前にそもそも呪いなんかないって示すことで、かな。

ザック　サラ、わかりませんかね、ボブは魔術の視点をとることで現に助けを得ているんですよ。ゾッとするような痛ましい災難が彼の身に降りかかったんです。つまり、前触れもなく、ボブの足に塀が倒れかかってきた。不運というのは、意味がわからないとき、いっそうつらくなるものです。魔術の視点をとることで、ボブは自分の不運に意味づけができているんですよ。こういう言い方をゆるしてもらえるなら、彼には、これが一つの意味をもたらしてくれている。ボブはよく辛抱していると思いますよ。現代科学の視点をとって、不運の意味づけがなくなってしまうのだとしたら――つまりランダムで無意味な偶発事にすぎなくなってしまうのだとしたら――彼が魔術の視点をとることに、わたしやサラ、あなたが異論をとなえるというのは、いったい何様のつもりなんでしょうね？　いまは、おそらく魔術の方が現代科学よりもボブの助けになっているんですよ。

サラ　世間がそろって伝統的な魔術の信念の視点をとってくれてなくてありがたいね。そうじゃなきゃ、ボブが告発することで、あの無実のおばあさん、火あぶりの刑にされちゃう。

ボブ　無実ってか、俺の足がこのザマで！

サラ　魔女裁判なんて「助け」なしでも、社会はやっていけるんだよ。現代科学のおかげで、あたしたちはその手の迷信から解放されて、もっと合理的に、ちゃんとした証拠にもとづいて問題に取り組めるようになったわけでしょ。魔女を火あぶりにしてた時代から、あたしたちはもっとずっと物事がわかるようになってるじゃない。

ザック　ぼくだって、魔女を火あぶりにしたいなんて思いませんよ。魔女を火あぶりにしていた人たちを高みから裁く態度こそ、ぼくは批判してるんです。でも、魔女裁判を研究している歴史家たちは、ああやって魔女を火あぶりにしていた人たちの視点を理解しないといけませんよ。さもなければ、なにが起きたのか、意味をつかめないのですから。魔女を火あぶりにしていた人たちは、自分たちが非合理な迷信にとらわれているとは思ってなかったでしょう。

サラ　もちろん、それはそう。だけど、どう思ってたにせよ、現に迷信にとらわれていたわけでしょ。

ザック　17世紀の魔女理論を調べたことはありますか、サラ？

サラ　そんな必要ないし。

ザック　彼らには、彼らなりの洗練された論理があったんですよ。いったいどんな権利があって、他のみんながあなたと同じ視点をとらなくてはいけないなんて、言い張るんです？　まして、あなたじしんは他のいろんな視点が実際にどういうものなのか知ろうともしないというのに。

サラ　べつにこれはあたしの視点じゃないし。現代科学の視点でしょ。いまとれるなかでは、いちばんいい視点だよ。世の中、いろいろ進歩してきたでしょ。裁判所もＤＮＡテストを証拠として受け入れるようになったとか。キミは、水責め椅子みたいな拷問を使って魔女かどうかを調べるとかいう伝統的なテストを証拠として受け入れたりするべきだと思ってるの？

ザック　あのですね、サラ。それはぼくじしんの視点じゃないですよ。

サラ　じゃ、キミじしんの視点から見て、なにがどうちがう？　裁判所が現代科学の証拠を受け入れるべきだっていう一方で、魔女がどうのって伝統的な考えに基づく証拠も受け入れるべきだと考える理由は？

ザック　ぼくらの社会ではね、サラ、現代科学の方が、伝統的な魔術の考えよりもずっと広く尊重されているからですよ。

サラ　そうじゃなくってさ。べつに、裁判所がこっちの証拠を受け入れてあっちの証拠を受け入れないワケを聞いてるんじゃないの。そういう証拠を受け入れるべきっていう理由を聞いてるの。

ザック　どんな社会でも、裁判所のようなおおやけの意思決定機関は、自分の役割を適切に演じるために、世間全体からの信用を必要とするんですよ。そうした機関は、「信用できる」と世間に認められなければいけない。彼らの意思決定が最後の決め手だと認められなかったら、訪れるのは混沌ですよ。社会的な威信の低い理論にもとづく証拠を受け入れたり威信の高い理論にもとづく証拠を棄却したりなんかすれば、裁判所は信頼をなくしてしまいますよ。

サラ　じゃあ、かりに伝統的な魔術信仰がまた高い威信をもつようになったら、裁判所はそれにもとづく証拠を受け入れるべきってわけ？

ザック　いま現在のところ、私たちが属してる社会では、魔術信仰は高い威信をもっていません。こういう社会の法的手順では、その社会の構成員それぞれが決めるようになっていて、私たちが決めるようにはできていません。よかれあしかれ、伝統的な魔術信仰はたまたまいまの私たちの社会では低い威信しかもっていないんです。

ボブ　だからって、魔術があるって考えが間違ってるってことにはならないだろ。

ザック　ぼくもそう思いますよ、ボブ。

ボブ　魔術を真剣に取り扱いだしたら、法廷の意思決定はいまよりよくなるかもしれないし。

ザック　「よくなる」ってどういう意味です？

ボブ　罪を犯した連中が有罪になる場合が増えて、無実なのに有罪になる場合が減るってこと。

ザック　ですが、誰が有罪で誰が無罪なのかを決めるのは、誰なんです？　公的に認められた裁判所がやらないとしたら？

ボブ　裁判所が判決を間違うなんてことがありうるか？

ザック　有罪判決だったのが上訴して覆ることもありますよね。

ボブ　俺が言ってるのはそういうことじゃないよ。想像してみなよ。俺に身体的な危害を加えたかどで、今日、隣のばあさんが訴えられたとしてだな。あいつが有罪になんてなりっこないだろ。この無罪判決は上訴できない。だけど、誰だってわかるとおり、あのばあさんは、有罪になるどころか、訴えられることすらぜったいにない。だからって、あいつが有罪じゃないなんてことにはぜったいになりゃしねぇんだ。

ザック　哀れにもあなたがその人に身体的な危害を加えられたかどうかを判断するのは、誰なんです？まさか、自分じしんの裁判であなたが裁判官と陪審員を兼任するわけにもいかないでしょう。もちろん、相手の女性だってそれは同じですが。

ボブ　べつに自分が裁判官をやりたいなんて思っちゃいないさ。ただ、受け入れる証拠の種類に関してあんまり狭量に律法主義者みたいにならないでくれたら裁判所はいまよりいい仕事ができると思ってるだけだよ。

サラ　裁判所って、言葉の定義からして律法主義的なんじゃない？

ボブ　俺が言う律法主義的ってどんな意味だかわかってるだろ。むかしは、裁判所もＤＮＡを受け入れてなかった。サラこそ、いまの方がマシになってるって考えなきゃウソだろ。

サラ　もちろん。

ボブ　魔術に関する伝統的な知識に基づく証拠を受け入れたなら、もっとマシになるはずだろ。だけど、もっと権力や影響力のある連中が——俺みたいな一般人だけじゃなくってああいうやつらが——魔術の知識をもういっぺん尊重するようにならないかぎり、そんな風にはならないのは俺だってわかってる。なあザック、むかしみたいに、魔術が実在するってことが尊重される社会になるにはなにが必要だとあんたは思う？

ザック　そうですね……、もしああいう考えが学校で教えられたり、主要な大学で研究されたりするようになれば、長期的にはいまよりずっと広範に受け入れられるでしょうね。当然ですが、魔術の信念も現代科学と同じように教えられねばダメでしょうね。たんに、むかしむかしの人たちが抱いていた風変わりな考え、いわゆる「未開」社会の人たちがいま信じている奇妙な考えとして教えるのではなくてね。

ボブ　そうじゃなきゃフェアじゃないよな。それではじめて、みんなもモノを知らない記事にビビらされずに自分で考えて態度を決められるってもんだ。

サラ　もしもあたしが、ボブ、キミみたいな考えの持ち主だったら、新聞に手紙を書いて、「学校ですべての子供たちに魔術を教えろ、大学で科学と同じように研究しろ」って要求を世間に訴えるな。もちろん、あたしは賛成しないけど。そんな提案は丁重にお断り申し上げるよ。

ボブ　それもひとつの考えじゃあるさ、サラ。ザック、あんたは賛成するかい？

ザック　うーん……いや、遠慮しましょう。

ボブ　なんで？

ザック　個人的には、魔術の視点で考えないからですね。魔術の語彙が有用には思わないので。

サラ　ボブの立場であたしが想像する投書だと、べつに現代科学を教えるのをやめちまえ、なんて要求はしないんだけどな。それに、大学で科学をやるな、とも言わない。ただ、伝統的な魔術信仰と現代科学をいっしょにならべて、同じ時間をかけて、同じだけ資金を与えるべしって要求するだけ。これって、キミの視点から見てどんなところに異論があるのかな、ザック？

ザック　なにもかもを学校で教える時間はありませんからね。選択は避けられません。現代科学のいろんな理論の方が、伝統的な魔術信仰よりも我々の社会で中心的なものになっているのですから、教育制度でそちらを優先するのが妥当というものでは？

ボブ　さっきあんたが言ってた話だと、現代科学の方が魔術よりも俺らの社会でウケがいいのは、ようするに学校で現代科学を教えてるからってことだったよな。俺らが教わったことを子供たちにも教えるべきだってほんきで言ってんの？　それって、タチのわるい循環になってね？　ともあれ、ザック、あんたは魔術がいまの社会にとって中心的じゃないってどうやってわかんの？　さっきもサラにどうにか説明しようとしてたことだけどさ、魔術でしか説明がつきっこないことなんてたくさんあるんだ。俺らの社会に暮らしてる人らが、魔術がおこした怪我やら病気やら不運やらに苦しまされたり、さらには殺されたりしてる場合に、学校や大学で教えるのにじゅうぶん見合うだけの重要性が魔術にはあるんじゃないの？

ザック　ボブ、あなたは本心からそういう変化が教育制度に起こると期待してるんですか？

ボブ　もちろん、いますぐにってことはないだろうさ。もしかしたら、50年後にやっとかもしれない。だけど、いい変化だったら、俺がその旗を振ってはいけないって法があるか？

ザック　すみませんが、「いい変化」というのを定義してもらえますか？

ボブ　自分で定義すりゃいいよ。かつて奴隷制廃止の旗を振ってた連中に、あんたならそういう足止め戦術を使ったか？　あいつらが「いい変化」っつったら、「いい変化」をひとつ定義してくださいよ、なんて言うか？　あんたなりの言い方をしてみてくれよ。もし、すべての子供に魔術について教えるようにするのが「俺の視点から見て」いい変化なら、俺がその旗を振ってはいけない理由があるか？

ザック　べつに止めはしませんよ。

ボブ　けど、俺の助けになってくれるんじゃないの？

ザック　こういうかたちではなくて、ですよ。

ボブ　なんで？

ザック　さっきも言ったじゃないですか。ぼくの視点から見て、これはいい変化じゃないからですよ。

ボブ　最初、サラと俺が議論してたところに割って入ってきたときには、てっきり、あんたはサラのインテリぶった高慢ちきからの擁護に回ってくれるもんだとばかり思ったんだけどな。

サラ　そういう言い方はフェアじゃないなぁ！

ボブ　はいはい、じゃ、なんなら「上等な教育」って言うことにしようか。ザック、あんたが実際に魔法を信じてるとは俺も思わねぇよ。ただ、この件に関してあんたは開かれた態度をとってると思ってたんだ。だが、いまわかったよ、あんたもサラに負けず劣らず偏見をもってるんだ。

サラ　それもフェアじゃないなぁ。あたしが魔法なんか信じてないのは、証拠と理論があってのことで、偏見じゃないし。

ボブ　好きな言い方をしてくれればいいよ。サラは魔法をまじめに受け止めやしないんだから。俺が言いたい要点はこういうことだよ。最初、俺はザックがまじめに受け取ってくれるもんだと買いかぶっちまった、だけどそうじゃなかったっていまわかった。そんだけ。

ザック　ぼくも、自分なりの視点から魔法をすごくまじめに受け止めていますよ。現代科学を一つの視点としてまじめに受け止めているのと、なんの遜色もありません。

ボブ　あんたが言ってるのは、ようするに、俺みたいな連中が本心から魔法を信じているのをわかってるってことだろ。かつて大勢が信じてたり、いまでもどっかの外国で信じられているのをわかってるのと同じようにさ。

ザック　サラが本心から現代科学を信じているのをわかっているのと同じくらいに、ね。それに、そういう信念が大半の社会で影響を振るうようになっていることも承知してますよ。

ボブ　あんたが現代科学に対してとってる態度には、魔法への態度にはないものがあるんだよな。

ザック　どういうことです？

ボブ　ひとつ想像してみなよ。ザックの体調がいきなりわるくなったとしようや。そんなことないに越したことはないけど、まあ、なにがどうなるかわかったもんじゃないし。そんで、二日ほど様子を見てみたところ、ちっとも具合がよくならない。そこでザックは医者を訪ねる。そしたら専門医のところに回されて、そのセンセイにあれやこれやたいそうな検査を言いつけられるんだ。それから、センセイは体のどこがわるいのか説明して、どんな薬を飲んでどんな治療を受ければ具合がよくなるのかあんたに告げる。現代科学に基づいてね。ことによると、そうしないと命を落とすって言われるかもしれない。このとき、あんたはきっと医者の言いつけどおりにするだろ？ 魔法について知ってる魔女のところを訪ねたりなんかしないだろうし、魔女の助言どおりにするわけでもない。だろ？

ザック　ぼくが典型的な西洋白人男性だってことは認めますよ。ぼくみたいな視点の持ち主たちは、伝統的な魔術ベースの薬よりも現代科学の薬の方を信頼するものです。ですが、ボブがぼくとちがった視点をもっているってことを認めますし、その点を平等に尊重しますよ。

ボブ　平等に信頼するわけでもないのに平等に尊重するって、それがどういう役に立つのさ？

サラ　ちょっと待ってよ、ボブ。キミの足はふつうの病院でギプスをはめてもらったんだよね？ キミだって、そういう伝統的な魔術について知ってる魔女さんを訪ねたわけじゃない。病院の医者はみんな現代科学の訓練を受けたんであって、魔法の訓練なんて受けてないよね。キミじしん、ほ

ボブ　んとにキミが言うような確信を抱くような勇気はあるの？
しょうがないだろ？　たしかにそうだよ、地元の病院で治療を受けたさ。いったいなにが起きたのかようやく考えてみたのは、救急車で運ばれてる途中だったんだ。そこでハタとひらめいたんだ、「ああ、こりゃあ、隣のあのクソばばあの仕業だ」って。そのときにはもう手遅れだった。それで、心配にはなったよ。なんたって、救急車を呼んだのはあのばばあだったんだから。「いったい誰が運転してやがるんだ」「どこにつれていかれるんだ」って思ったよ。足はあのザマだったし、救急車は道路をぶっとばしてたから、逃げようにもどうにもなりゃしない。けど、あのばばあも俺に死んでほしいとは思ってないだろうよ。死なれた日には、警察に嗅ぎまわられて、面倒な質問もいろいろ聞かれるだろうからね。そういう詮索は、あいつにとっても都合がわるいだろ。ともあれ、病院から晴れて解放されたときには、すぐさま知り合いの魔女のところに駆け込んだよ。そしたら、特別なハーブをすって煎じて、あのクソばばあの呪いから守るまじないをしてくれた。効果は覿面だったよ。病院でもらった痛み止めのかわりにそっちを使ったらすぐさまぴんしゃんしちまった。あの魔女はたいしたもんだ。長年、俺は背中の痛みを抱えててさ、医者じゃどうにもならなかったのに、あの人がくれた貼り薬を首に巻いてみたら、翌朝には背中の痛みとさよならしてそれっきりだぜ。

サラ　プラセボ効果だね。

ボブ　なにセボ効果だろうと、とにかく効いたんだ。いまじゃ、面倒ごとがあったらちょくちょくあの人の世話になってる。そんだけ助けになってくれてるんだよ。あの人が言うには、病院で受けた治療に害がなかったのは、魔法がかけられてたのは塀で、足にかけられてたわけじゃなかったからだってさ。去年は、テレビを見るのをやめろって言われたよ。頭痛のもとになってるからって。それで、テレビ一式を処分したら、いまじゃめったに頭痛も起きなくなってる。

サラ　その人にお金は払ってるの？

ボブ　あの人は金をとらないんだ。いつもちょっとした贈り物をもっていってる。ただの礼儀だよ。背中の痛みがとれたときには、いくらか金を包んでもっていったよ。いらないって言われたけど、ぜひもらってくれってこっちが押し通したんだ。

サラ　謝るよ、ボブ。本心から信じてるのか疑っちゃってごめん。キミ、ほんきであぁいうのを信じてるんだね。口で言ってることとお金の行き先がちぐはぐじゃないもの。さて、ザック、キミも認めなきゃだよね。伝統的な民間医療にキミがどんな敬意を払っているにしたって、現代科学に対する敬意ほどの信頼は寄せてないんだって。

ザック　伝統的な民間療法のなかには、とても効果の高いものだってたしかにありますよ。

サラ　そう口で言うのと、実際に伝統的な魔女に相談して、医者の言うとおりにせず彼女の助言に従って、しかもお金を払うのとじゃ、ずいぶん開きがあるよね。

ザック　サラ、伝統的な民間療法がぼくにとって現代科学の医療と同じくらい効果的だなんて、ぼくは一度も言ってませんよ。他人に、どんな医療を受けるべきか指図しようなんて夢にも思いませんし。ただ、あらゆるかたちの医療を、まっとうな生き方の一部として尊重してるんです。

ボブ　いままで「知恵女」に相談したことは？

ザック　糖尿病について、女性の医師と相談したことは何度かありますよ。とても知恵のある方です。

ボブ　はぐらかすなよ。いままで、魔法や魔法から身を守る方法を知ってる女を訪ねたことはあるかい？

ザック　いいえ、ないですね。

ボブ　いわゆる糖尿病が魔術で引き起こされてないって、どうやってわかる？　あんたの医者たちは、治してくれなかっただろ？

ザック　ええ、もちろんダメでした。そういうことは期待できないでしょう。ですが、病気とつきあっていくうえで、とても有益な助けをくれましたよ。

ボブ　もし魔術で引き起こされてるんだったら、俺の知ってる魔女がもっと力になってくれるかもしれんぜ。ほら、電話番号も登録してあるんだ。あんたの代わりにいまここで電話して事情を説明して、それからあんたに電話を替わってさ、彼女に面談の予定を入れたっていいんだぜ。

ザック　いや、遠慮しておきます。ご親切にありがとう、ボブ。でもやめておきますよ。

ボブ　なんでさ？　試してみるだけならできるじゃん。彼女の助言が気に入らなければ、無視すればすむだけさ——大間違いになるかもしれんがね。病気は深刻だろ。生活が難しくなるし、危険じゃないか。医者じゃ治せない。だったら、替わりのアプローチを探らない手はないだろ。もしかして苦しみの種を取り去ってくれるかもしれない。うまくいきっこないって、なんでわかる？　いやなら、金だって払わなくていいんだぜ。

ザック　べつにお金の心配をしているわけじゃないんですよ。ぼくの視点からは、あまり有望な提案には見えないというだけで。

「視点を尊重する」？

ボブ　どうも俺が見たかぎりじゃあ、あんたはただ俺の視点とやらを尊重するって考えにお為ごかしを言ってるだけなんだよな。まじめに受け取るのどうのっつったって、あんたの視点よりもすぐれてるかどうか、ほんのちょっとでもなにかしようとか、そこまでじゃあない。自分の命がかかってるかもしれないってのにだ。魔法があんたの苦しみをいやしてくれるかもしれないなんて、本心ではちっとも思っちゃいない。もし本気だったら、行動がちがってるはずだ。それなら、サラみたいにズバッと拒否ってくれる方がいい。サラは、反対してるってことをあけすけにしてくれてる。俺の言い分に直に反論してくれる。サシで向き合ってくれる。少なくとも、サラは俺の視点をまじめに受け止めて、自分の視点の対抗馬扱いしてくれる。軽蔑してる意見だとしてもね。

サラ　それ、ちょっとひどくないかな！

ボブ　でも軽蔑してるだろ？　ともかく、俺から見れば、サラの態度の方がいいよ。俺の意見に真剣に反論してくるんだから。あんたの態度はさ、ザック、俺のことを親みたいな目線で見て、俺の視点をいかに尊重してるか言いながら、その実、わざわざまともに反論するほど真剣に受け取っちゃいないんだ。あんたにとっちゃ、俺の視点なんて格下の対抗馬でもなんでもない。競争にすらなってないんだ。

ザック　どうして競争しなくちゃいけないんです？　競争せず、いろんな視点が調和していてはいけないんですか？

サラ　キミの視点に競合はないの？　現代科学理論の視点と、伝統的魔法信仰の視点を同時にとるわけにはいかないよね。伝統的な魔女の助言が医者の助言と衝突を起こしたら、両方に従うわけにはいかないもの。そういう瀬戸際になったら、自分じしんの視点を受け入れて、ボブの視点は却下するわけだよね。

ザック　だからといって、ぼくの視点が他の誰の視点よりすぐれているということにはなりませんよ。

サラ　誰も、キミの視点が誰かの視点よりすぐれてるのどうのなんて言ってないよ。

ザック　あなたの視点をさげすんでもいませんよ、サラ。

サラ　そりゃうれしいや。

ザック　それに、あなたの視点もです、ボブ。

ボブ　そりゃどうも。

サラ　あのさ、ザック。誰の視点を優先するかって話になると、キミって決まって一歩下がって「いろんな視点はそれぞれ別物だけど平等なんだ」ってところにいくよね。そうやって、キミは自分の視点を真剣な批判や競争から守ってるんだ。競争となれば、どっちかの視点が他方に負けるリスクがあるもんね。キミはもっと学ぶことから自分を遠ざけて守ってる。たとえばね、いろんな視点についての視点をとって、キミは満足してるように見えるんだ。それって、ときに「相対主義」って呼ばれてる視点じゃないかな。

ザック　ええ、そう呼びたければ、ぼくの視点を「相対主義」と呼んでくださってけっこうです。いろんな視点に対して、それと正反対の態度をとったためになされてきた危害をふりかえった多くの人がとっている視点ですよ。そういう態度を、「絶対主義」と呼ぶことにしましょうか。絶対主義

サラ　は、あれこれの視点を「正しい」「間違い」に分類せずにすませない態度です。絶対主義は、「神」や「進歩」の名の下に何百万という人命を失わせてきたんですよ。

ザック　そう言ってるとき、キミって暗黙に相対主義を「正しい」に分類して、絶対主義を「まちがい」に分類してない？

サラ　いいえ。サラ、さっきもその古い罠に誘い込もうとしましたよね。ぼくはたんに、相対主義を「自分の視点」に、絶対主義を「他の誰かがいまとっている視点」に分類しているだけですよ。

ザック　だけど、さっきボブとあたしに相対主義を絶対主義よりも優先する理由を言ったじゃない。なんらかの点で、相対主義が絶対主義よりもすぐれていると見てるんじゃないの？

サラ　一方が正しくて他方がまちがっているという意味では、ちがいますね。

ザック　でも、他のなんらかの意味では、どう？

サラ　さっき言ったように、絶対主義的な視点の名の下で何百万という人たちが虐殺されてきました。相対主義の名の下で虐殺された人がいますか？

ボブ　採用したときの危害がより少ないからって理由で、絶対主義より相対主義の方が好ましいって言ってるっぽいけど。それって、帰結がいいかわるいかって観点で視点を判断してるよね。

サラ　十分ありえる話だと思うんだけど、もしも、科学が汚染や大量破壊兵器によって人類全体を滅ぼす結果になったとしたらどうなん？　ザックの基準だと、魔法を信じる方が現代科学を信じるよりもずっとマシだってことになるよね——つまり、そこまでの危害を魔法が加えたことなんて一度もないって考えるとさ。

サラ　そう、魔女なんて一人もいないとしてもね。軍隊や政治家がどう悪用しようと、科学を責めるわけにはいかないよ。それに、科学の進歩も止められない。もちろん、科学で人類のおしまいが引き起こされることも可能だって論点からは、信じてることの真偽がそれを信じた結果のよしあしと別物だってことがはっきりするけど。

ザック　サラ、ぼくはただたんに、どの視点をとるかによって生じる結果を論じているだけですよ。「真偽」みたいな教条的な言葉を使っているのは、絶対主義者たちです。

サラ　でも、結果のよしあしはどうやって判定するの？　そこに関して、キミは絶対主義者なの？　それとも相対主義者？

ザック　いかなることに関しても、ぼくは絶対主義者じゃありません。結果のよしあしは受け止める人によってちがいます。

サラ　虐殺だって、手を染める側から見ればいいことかもしれないしね。1945年4月に、地下にこもってたヒトラーなら、人類全体を一掃するボタンだって押してのけただろうし。ヽ、ヽ、ヽ、ヒトラーの視点から見れば、この帰結は連合軍勝利よりもよかったはずだもの。ザック、キミも、暴力による死よりも穏やかな生の方がマシだと想定してるんじゃない？

ザック　ぼくの視点から見れば、そのとおり、マシですね。あなたの視点からはマシじゃないんですか？

ボブ　マシだよ。

サラ　もちろん、あたしの視点から見たってマシ。でも、それが相対主義となんの関係がある？　相対主義者だって、暴力で死んじゃうより平穏に生きる方がマシだって考えられないわけじゃないでしょ？

ザック　ヒトラーは相対主義者じゃないですよ、サラ。

サラ　そんなことは言ってないって。ただ、人類絶滅より平穏な文明の方がマシだって考えることと相対主義が両立するんだとしたら、平穏な文明より人類絶滅の方がマシだって考えることとも同じくらい両立しうるんじゃないかって言ってるの。だとしたら、どっちがマシなのかなんにも含意はでてこないってことになるよね。

ザック　相対主義者は、自分の視点を他人に押しつけたくないと思ってるんですよ。人々を殺すのは、視点を押しつける究極の方法ですよね。相手に手出しせず平穏なままにしておくなら、なんにも押しつけることにはなりません。

サラ　ってことは、寛容の方が不寛容よりもマシだって含意が相対主義からでてくるってキミは言ってるように思えるんだけど。どうもわかんないな。

ザック　ぼくが、「自分の視点が正しい、おまえのはまちがいだ」と言えないとしたら、ぼくが自分の視点をあなたに押しつけるいったいどんな権利があります？

サラ　キミが言ってるのは、「絶対的に正しいこと」？　それとも、「自分じしんの視点から見て正しいこと」？

ザック　ぼくが言わんとしてるのは、相対主義者としてのぼくの視点から見て正しいことです。

サラ　なるほどね。だったらキミの視点から見てキミは自分の視点を押しつける権利がないのかもしれない。だけど、他の相対主義者の視点からだったら――キミのやつほどなごやかじゃない視点からだったら――そいつが自分の視点を他人に押しつける権利があってもおかしくないんじゃない？

ザック　相対主義からそういう含意はでてきませんよ。

サラ　べつに、「悪意ある相対主義者は自分の視点を他人に押しつける権利があるってことが相対主義から導き出される」なんて言ってるわけじゃないよ。あたしが言わんとしてるのは、自分の視点を押しつける権利がないってことは相対主義からでてこないってこと。たんに中立的なんだよ。なにをやる権利があってなにをやる権利がないのかってことは、道徳のあり方の問題。もちろん、なにが「正しい」道徳の決まりなのかを語るのは、相対主義の精神に反してるよ。もし相対主義が価値の問題について中立なんだとしたら、「寛容は不寛容よりもすぐれている」なんて言わないでしょ。逆の「不寛容は寛容よりもすぐれている」も言わない。相対主義では、その点を判断するのはひとりひとりの視点にまかされるんだ。寛容な相対主義者がちゃんと一貫してるのと同じくらい、不寛容な相対主義者だって整合してるんだよ。

ボブ　正直言うとさ、どういうことなら相対主義が言うのかよくわかんないんだよな。俺が「魔法で俺の足が折られたんだ」って言っても、ザックは賛成も反対もあけすけにしない。ただ、「それはあなたの視点ですよ」とくる。

ザック　いいや、それこそぼくの視点ですからね。

ボブ　率直に言ってくれないかな、ザック。あんたの視点では、魔法が俺の足を折らなかったとも言うんじゃないか?

ザック　ぼくの視点からですと、折らなかった、ですね。でも、これはたんにぼくの視点にすぎません。

ボブ　男らしく言ってみせなよ、魔法でボブの足が折られなかったって。

ザック　もう言いましたよ。ぼくの視点からは、魔法はあなたの足を折らなかった。この件でぼくにクリント・イーストウッドみたいな言動を期待しないでくださいよ。

ボブ　ダーティ・ハリーみたく俺に銃をぶっぱなしてくれなんて言わないよ。ただ、これは自分の視点にすぎませんって付け加えてあんたじしんの言葉を弱めたりせずに、「魔法はボブの足を折らなかった」って言い切る勇気を見せてくれって言ってるんだ。

ザック　いつ、どんなことを言うときだろうと、ぼくはぼくの視点からしゃべってるんです。

ボブ　でも、賛成したじゃないか、俺の視点から見て、魔法が俺の足を折ったって。

ザック　ええ、それがあなたの視点ですよね。

ボブ　これが俺の視点だって、どうやってわかる？

ザック　そう言ったばかりじゃないですか。

ボブ　嘘をついてるかもしれんぜ。あんたが知ってるつもりでいても、俺はただ魔女を信じてるフリをしてただけなんだ。

サラ　ほんとに信じてるフリしてたの？

ボブ　いや、まさか。そんなタマじゃねえよ。でも、サラもザックも、アテにできるのは俺の言葉だけだろ。俺のアタマんなかでなにがどうなってるかなんて、ほんとのところはわかりっこない。

ザック　いいでしょう、ボブ。ぼくの視点から見て――あなたの視点から見て、魔法があなたの足を折った。

ボブ　あんた、自分の視点がどんなものだかたしかにわかってるかい？

ザック　なにか問題でも？

サラ　たしかに、ボブはいいところを突いてるかもしれないね。むずかしいのは、なにも、他人の頭でなにが起きてるかを知ることだけじゃないんだ。ときには、自分じしんの頭で起きてることだってわかりにくいことだってあるんだね。自分を知ることがいつでもかんたんとはかぎらない。たとえば、自分が恋してるかどうかで考え違いをしちゃう人だってよくいるし。それで言うと、ザック、キミがこれまでに言ったことについてだって、あたしの視点から見てどうなんだかはっきりしないことがあるよ。

ボブ　ザックは、いつでも自分の心がわかってるの？

ザック　その点に関して、人よりすぐれてるなんて主張しませんよ。

サラ　たまに、「あたしはこれこれを信じてる」って嘘偽りなく言ったつもりだったのに、あとになって考えると実はそんなこと自分は信じてないってわかるときがあるんだ。「信じてる」って口にしてる瞬間から、実は信じてなかったりするんだよね。たとえば、まだすごく小さかった頃の話だけど、歯の妖精がほんとにいるかどうかって友達と議論することがあって。それで、あたしが——このあたしが——妖精さんの存在を信じてるってきっぱり言い切ったのを覚えてる。ほんの二秒後には、いやいや待てよ、ここ何ヶ月も、歯の妖精なんか信じてなかったじゃんって自覚がじわっとわいてきてね。実は完璧にわかってたんだ、枕の下にお金を入れてったのは父さんや母さんだったって。ザック、そういうことってキミも覚えはある？

ザック　ぼくだってただの人間ですよ。

サラ　ちがったらどうしようって思ってたよ。じゃあ、自分の意見についての意見は誤りをしでかす余地があるってわけだね、他のことについての意見と同様に。そこで、あたしの疑問なんだけど、身構えてないとき、キミは「魔法がボブの足を折ったのではない」って言うんだ。ところがボブがその点について詰め寄ると、後ろに退いて、「魔法でボブの足が折られたわけじゃないというのは、自分の視点から見た話だ」って言い出す。ボブも、これがキミの視点だってことにはきっと同意するんじゃないかな。だけどさ、あたしがこう疑い始めたと想像してみてよ。「実はザックって自分の心がわかってないんじゃないか」「本心では、魔法を信じてるんじゃないか」って。そこでキミに詰め寄ってこう問いただしたとしようよ、「キミの視点から見てべつに魔法がボブの足を折ったわけじゃないってキミは主張するけど、それってほんとにキミの視点なのかな。」これにどう答える？

ザック　魔法がボブの足を折ったのではないというのがぼくの視点だというのはぼくの視点ですよ。

「〜というのは自分の視点です」の無限後退

サラ　もしかして、キミって自分で思ってるほど相対主義者じゃないのかもよ。相対主義がほんとにキミの視点だってどうしてわかる？

ザック　いいでしょう、サラ。相対主義がぼくの視点だというのは、ぼくの視点です。

ボブ　わかんなくなったぞ。

サラ　えっとね、ボブ、ザックは、異論をぶつけられて脅かされたときのよくある手をやってるんだ。先に言ったことに重ねて、「〜というのはぼくの視点です」って付け足すの。ザックの主張をどれか批判しようとすると、決まって、先に言った主張が自分の視点ですっていう別の主張に切り替えるんだよ。

ボブ　そこは俺も気づいた。

サラ　しかも、誰かが問い詰めると、自分の視点がどういうものかって主張でも同じことをやるんだ。これは自分の視点についての自分の視点だって言って後退していくわけ。

ザック　ぼくとしては、その「後退」というのは受け入れませんね。ぼくなら、「前進」って言いたい。だって、これがぼくじしんの視点でしかないという手の内は明かしているわけですから。

サラ　後退だよ。つまり、最初に言ったことから後ろに引いて、かわりに自分じしんの視点についてなにか言い出すって意味でね。たとえば、さっきボブの足がどうして折れたのかって話をみんなでしてたよね。キミについて話してたんじゃない。話題は、キミの視点についてじゃなかった。

ザック　ぼくらは誰だって、自分の視点から語ってるにすぎませんよ。それとも、ぼくに誰か他人の視点から語れって言うんですか？

サラ　ナントカの視点から語るってことと、その視点について語るのは別物だよ。

ザック　誰でも、開かれたかたちで、自分がどこから語っているのか率直になるべきじゃありませんか。

サラ　そうだね。だけど、都合がいいときに話題を変えてただ自分についてだけ語る言い訳に使うべきじゃないね。それじゃあ、キリがない後退のはじまりだ。もしかすると無限後退かもしれない。自分の主張について異論を向けられたら、キミは決まって一歩下がって、自分が言ったことに「～というのはぼくの視点です」と付け加えて、異論に向き合おうとしない。ゆるぎない立場がないんだ。

ザック　ゆるぎなさのなにがそんなにいいんです？　この電車だって、ずっと動き続けてるからいいんであって、ゆるぎなく静止されてもうれしくないじゃないですか。

サラ　それは話が別だよ。この電車移動だって、ずっと続くわけじゃない。ちょっぴりの幸運さえあれば、電車は目的地に連れて行ってくれる。でも、キミの後退には目的地なんてない。だって、このあたりが目的地なんだろうと思っていても、プレッシャーかけられたらいつだってキミはさらに後退していくんだから。喩え方を変えると、キミは相対主義っていうピカピカの新製品を売り込もうとしてるんだよ。

ザック　あんまりフェアな喩えではないですね。相対主義は、古代からある知見ですよ。プロタゴラスなどのように、古典ギリシャ時代にだって相対主義者はいたんですから。

サラ　じゃあ、お望みなら「古びた旧製品を売り込もうとしてる」でもいいよ。あたしたちが聞きたいのは、キミから買い取ろうとしてるのが正確に言ってどういうものなのかってことなんだ。キミの言い分だと、これはいろんな視点についての視点なんだ、どんな視点であろうと絶対的に正しかったり絶対的に間違ってたりはしないんだって話だよね。

ザック　そうです。ですが、「売り込もう」としてるわけではありませんからね。無料で差し上げているんです。料金なんてありませんよ。有用だと思ってもらえればありがたいですが、使いたくないと思われるなら、使わないのもそちらの決めることです。

ボブ　中古車屋が「無料でクルマさしあげます」って言ってきたら、俺ぁビビるけどね。そんなクルマにどんな問題があるやら、わかったもんじゃない。

サラ　それは脇に置くとして、やっぱり対価はあるんだよ。いま使ってる車、つまり絶対主義を手放して、そっちの主義に切り替えるわけだからさ。

ザック　人が殺されるとしたら、いまのあなたの主義ですよ、サラ。

サラ　さっきの論点に戻したいな。誰かが、「ザックが売り込もうとしてる中古車は、ザックが言うほどイイものじゃないぞ」って主張したとするね。さっき話してた批判のこと、覚えてるかな。あらゆる視点についての視点なんだから、相対主義は相対主義そのものに当てはめられるはずだよね。合ってるかな、ザック？

ザック　ええ、それでまちがいないです。

サラ　すると、相対主義からは、相対主義が絶対的に正しいわけではないことが導き出される。

ザック　それのどこがおかしいんです？　相対主義も含めて、どんな視点であろうと絶対的に正しかったりまちがいだったりすることはないというのがぼくの視点だということに変わりはありませんよ。

サラ　だから、そこのところが不満なんだって。キミが売り込んでるクルマのラベルにはこう書いてるんだ――「この車は他のどの車よりもすぐれてはいません。」

ボブ　少なくともその販売員にはユーモアのセンスがあるわな。

ザック　それに、主張に慎みもありますよ。

サラ　自分が売り込みたがってる中古車にはなんにも特別なところがありませんってジョークを飛ばしてる販売員は、もしかしてこっちをごまかそうとしてるのかもしれない。この車はちゃんとエンジンかかるのかってたずねても、話題を変えて、いかに自分がこの車を気に入ってるかって話し出したりさ。そんな車、キミなら買う？

ザック　試乗なら歓迎しますよ。

サラ　それだって危険かもしれない。

ボブ　俺はいまだにその車を実見できてるかどうかもわかんないよ。ザックは話を切り替えてばっかりで、俺にはザックがどんなのを売り込もうとしてるのかわかんないんだ。

サラ　だね。試乗してみたいって申し出ると、決まって「いや、売り物の方はいま出払っておりまして」って言うし。相対主義を買ってみたら、実はブツがなかったってオチかもしれない。

ザック　落ち着きましょうよ、おふたりとも。深呼吸でもしましょう。ほら、いち、に、さん、し、ご、〜〜〜〜〜っと。ぼくがなにか言うと、おふたりのどちらかが自分のちがった視点を提案してきますよね——それはけっこうなことですよ、でも、そこでぼくが最初に言ったことについてなにか言ったとして、べつにそれを撤回してるわけじゃないんです。カードはテーブルの上に広げたままですよ。ただ、自分の視点を誰かに押しつけようとしてはいませんよって強調してるだけです。自分が言ったことが絶対的に正しいとか、おふたりの言った別の意見が絶対的に間違っているとか、そう主張してるわけじゃないんです。神を演じようとなんてしてませんよと言ってるだけです。

ボブ　なんで、俺らに「神を演じようとしてる」と思われるのをそんなに心配するかな。サラがなにか言って俺が「それはちがう」って否定するときには、サラが神を演じようとしてないのは承知してやってるよ。たんに、サラは思ってるとおりのことを言ってるだけだ。ザック、そうやって否定し続けなくたって、あんたが神の高みに自分を置こうとしてるかもしれないなんて、俺はちっとも思わないよ。

ザック　ただ、まちがった印象をもたれたくないだけです。人それぞれにちがった視点がある、そしてそういう多様性はいいことだということをみんなが受け入れていないときには、不毛で有害な論争がやたらと起こってしまうんですよ。

サラ　なるほどね。だけど、これまでキミが言ってきたことの多くが、ただあたしやボブに「自分たちは誤りやすい人間だ」ってことを思い出させようってつもりだったんなら、その点はあたしらもとっくに承知してる。でも、キミが言う相対主義がどういう意味なのかはいまだにわからないまんまなんだよね。誰がどんなことを言おうと、キミの言う相対主義では排除されないとなると、いったいキミの相対主義にはどういう中身がありうるの？　まるで、「この車は赤色ですが、みなさんはべつにこれを緑といっても青といっても黄色といってもかまいません」みたいな話だよね。

ボブ　ウチの近所にいるヒッピーのじいさんはスプレーで車をそんな感じに塗装して乗ってるけどね。

サラ　車全体が赤でかつ全体が緑なのとはちがうでしょ。もうちょっと、話の腰を折られずに要点を言いたいんだけど。

ザック　いろいろと逸らされずに、ですね。

サラ　もっかいやり直させて。ザックの言う相対主義は、「いかなる視点も、ひとつの視点にすぎない」って表現できる？

ザック　ある意味ではね。サラがそう言いたければ、それでいきましょう。

サラ　ボブが「魔法は効き目がある」って言って、あたしが「それはボブの視点にすぎない」って言い返したとして、このとき、あたしはボブの言い分を是認するのは拒否してる。あたしは、それがボブの信じてることだってことは受け入れつつ、でも「〜にすぎない」って言葉を入れることで、それがボブの信念以上のことだってことは拒否してる。つまり、実際に魔法が効き目をもつって考えは拒否してる。同じ要領で、ザックがなんか言って、あとから「これはぼくの視点にすぎません」って言うときにも、前言を是認するのを拒否して、自分の言い分を手放してるように聞こえるんだ。その点を、あたしやボブは後退だって不満を言ってるの。だけど、今度は「いいえ前言を手放してはいません」ってザックは言うんだよね。

ザック　そのとおりです。

サラ　それが自分の信じてることだってことを受け入れる一方で、キミは、それが自分の信念以上のものだって考えを却下しない。キミは、先にテーブルに広げたカードを引っ込めずに、さらにカードを加えていってるわけだ。だったら、その「〜にすぎない」は削除すべきだよ。だって、キミはそれが自分の視点にすぎないってことをほんとは言おうとしてないんだから。

ザック　その方がお好みなら、削除してかまいませんよ。その言い回しをしたのはサラで、ぼくじゃないんですし。

サラ　そうさせてもらうよ。じゃあ、「いかなる視点も、ひとつの視点にすぎない」じゃなくって、「いかなる視点も、ひとつの視点である」って相対主義は言うわけだね。

ザック　そうなりますね。

サラ　うん。だけど、そうなると、相対主義ってあからさまにしょうもない話になっちゃうじゃん。誰だって、最強にハードコアな絶対主義者だって、いかなる視点もひとつの視点だってことは「そうだね」って認めるよ。

ザック　サラは、相対主義を一行の定式に還元しようとしてますね。相対主義は、べつに、他のあらゆる理論と競合している理論ではないんです。むしろ、人生への態度と言う方が近いんです。

ボブ　どんな態度さ？

サラ　ザック、キミのふるまいって、世間でべつに相対主義者を自認しない人たちとあんまりちがわないように思えるんだ。他のみんなと同じように、キミは誤りやすい人間で、誰かを虐殺したこともない――まあ、あたしらが知るかぎりはね。だけど、虐殺を思いとどまるのだって、べつにそう特別な偉業ってわけじゃない。じゃあ、どういう点でキミは相対主義者なの？　キミが「視点」って文句をやたらめったら使う以外で。

ザック　あのですね、サラ。ちがいは、相対主義者は言っても絶対主義者は言わないことよりも、相対主義者は言わないけれど絶対主義者が言うことにあるんですよ。

サラ　たとえば？

ザック　たとえばですね、「正しい」「まちがっている」や、「真偽」のような教条的な言葉に関わることです。こういう人を脅かす言葉を投げつけだして、その言葉にのっとって行動しはじめたときに、ああいうことが起こるんです。さっき言ったような悪しきことが。つまり、爆撃だとか、侵略だとか、改宗の無理強いだとか、神や進歩の名の下での虐殺だとか。相対主義は、そういうことを避ける機会をもたらすんです。

サラ　じゃあ、相対主義が言ってることじゃなくて絶対主義が言ってることを理解するのに手をつけた方がいいわけだね。そうすれば、相対主義者が避けようとのぞんでることがわかる？

ザック　だんだんわかってもらえてるようですね。

サラ　もうすぐ電車が駅につく頃だし、どうかなザック、人が乗り降りする騒ぎが収まるまでこの会話はひと休みすべきって視点に、キミを無理強いせずに改宗させてもらってもいいかな？

ザック　その視点を共有させてもらいましょう。

ボブ　現代科学と相対主義が同意することもあるんだな。

第Ⅰ部のふりかえり

ここでは、第Ⅰ部の議論から、鍵になるポイントをいくつかふりかえります。

久しぶりに再会した友人どうしのサラとボブのあいだで、とんだ論争がはじまってしまいました。庭の塀が倒れて自分が怪我をしてしまったのは、隣人の魔法のせいだと言い張るボブに対して、サラは魔法なんてありえない、科学的に説明がつくはずだと言い返します。二人の言い分は、ようするにこういうものです。

ボブ説「塀は隣人の魔法によって倒れた。」（P）

サラ説「塀は隣人の魔法によって倒れたのではない。」（Pの否定）

おそらく読者のみなさんの多くはサラに近い見方をとられるでしょう。ともあれ、二人の論争は平行線をたどって、いっこうに相手を納得させられません。そこに登場した三人目の人物ザックは、両者の調停を試みます――「どちらもそれぞれの視点で正しいことを言っている」という一種の相対主義で手を打てば丸く収まるだろうというのが、彼の見込みでした。しかし、サラもボブもこの案には乗りません。

上記のPとPの否定は矛盾していますから、必ずどちらかが正しいはずです。他方で、ザックが提案した相対主義では、二つの説それぞれについて、ボブの視点やサラの視点では正しいのだと言います。では、ザック本人は、どちらを信じているのでしょうか。もしザックがPを信じているのなら、Pの否定を信じていないはずです。Pの否定を信じているのなら、Pを信じていないはずですね。ところが、ザックはそのどちらでもなく、また、「どちらともわからない」でもなく、「自分の視点では、塀は隣人の魔法によって倒れたのではない」と言って、対立を避けます。

つまるところ、「塀は隣人の魔法によって倒れたのかどうか」の問題を、「自分がそう信じているかどうか」の問題にずらしているわけです。そして、信じているかどうかの問題ですら、さらに「自分の視点から見た自分の視点から見て〜」(「〜と信じていると信じている」)と入れ子のかたちにしていきます——会話中でサラが指摘しているとおり、無限後退をしているわけです。

それでもなお、ザックは「真理」といった言葉を避けるべきなのだと考えているようです。どうすればいいのでしょうか。議論は続きます。

{第Ⅱ部}

真理の恐怖

The Terrors of Truth

ザック　ああ、やっと動き出しましたね。
ロクサーナ　そちら、私の席のはずなんですが。
ザック　え、ほんとですか。
ロクサーナ　ええ。ここにある予約番号と同じです。
ザック　すみません、すぐに荷物をどかします。
サラ　こっちの席は予約されてないみたい。
ザック　どうもです、サラ。そっちでも荷物が収まりそうです。

議論再開

サラ　さっきザックが言いかけてたのは、「真実」や「虚偽」みたいな絶対主義的な言葉（ってザックが言うやつ）を使うのがどうしてそんなにわるいのかって話だったよね。証拠にもとづいて、自分が真実だと思うことを語る権利、魔法に効き目はないのは真実であって効き目があるというのは虚偽だって述べる権利、あたしにはないのかな？　権利があるどころか、もしかして、語る義務さえあるんじゃない？
ボブ　魔法に効き目はあるのは真実だ、効き目がないってのは虚偽だって俺は言っちゃいけない？

ザック　おふたりがそう言うのをぼくには止められませんよ。でも、思い直してもいい理由はありますね。真理は虚偽よりもいいことだとされていますよね？　ちがいますか、サラ。

サラ　当然ね。

ボブ　正しいよりもまちがってる方がいいって思うのはアホしかいないだろ。

ザック　だとすると、サラ、あなたの信念の方が真実でボブの方が虚偽だと言えば、自分の信念の方がボブの信念よりすぐれているという含意がでてきますよね。すると、少なくともこの点については、自分の方がボブよりすぐれているという含意もでてきますね。また、ボブ、あなたが、「自分の信念は真実でサラの信念は虚偽だ」と言えば、自分の信念がサラの信念よりもすぐれているという含意がでてきますし、そうすると自分の方がサラよりもすぐれているという含意がでてくるわけですよ。おふたりとも、自分の方が相手よりもすぐれていると主張したいと本気で思ってるんでしょうか？

サラ　それ、個人的な話っぽくしちゃってるね。魔法に効き目がないって信念は、あたし個人の内心にとどまることじゃないでしょ。あたしの信じてることにすぎないわけじゃない。科学の教育を受けた人たち誰とでも共有してる信念だよね。それに、魔法に効き目はあるっていうボブの信念にしたって、ボブの信念にとどまるわけじゃない。それだって、昔やいまの、迷信を信じてる人たちと共有してる。事実に関する問いは、個人の話にとどまらない客観的なかたちで論じるべきだよ。魔法に効き目があるかどうかって問いは、誰がなにを信じてるってことに左右されないんだから。

ボブ　個人的な部分をまるっきり締め出すことはできないだろ。魔法に効き目があるというのは虚偽だってサラが言うとき、効き目はないって自分が信じてるって含みもあるじゃん。かりに信じてないとしたら誠実じゃないだろ。

サラ　そりゃまあね。だけど、その点についてあれこれ言う必要はないよ。問題は魔法の効き目であって、ボブやあたしやザックじゃないんだから。

ボブ　俺が魔法の犠牲者だったら、俺の問題だけどね。

サラ　その場合だと、証拠のネタとして、キミは関わりがあるんだよ。一つの事例としてね。議論の参加者としてじゃあない。

ボブ　俺は真っ二つにしないでほしいな。魔法を個人的に経験したおかげで、議論に貢献できる素材ができたんだ。サラたちにはない素材がね。俺らになんの関わりもないネタとして魔法を論じるなんてできないよ。

ザック　科学でだって、論争には個人的な側面がありますよ。科学的な評判や野心が掛け金になってますからね。もし実験を巧妙に設計したと判断されれば、その科学者の評判は上昇するでしょう。

ボブ　栄光がね。

ザック　そう言ってもいいです。実験の設計がひどいものだと判断されれば、その科学者の評判は落ちますよね。

ボブ　赤っ恥だわな。

ザック　それもボブらしい言い方ですね。ともあれ、研究資金をとれるかどうか、昇進するかどうかは、そうしたことにかかっているわけですよね。

サラ　もちろんそうだし、そうあってしかるべきだよ。でも、実験の設計がうまくできているかひどいしろものかを判断するには、その実験を自分だけの事柄としてでなく、客観的に検討しなくちゃいけない。人の判断はそのあとについてくるんだ。それに、そっちの評価も同じくらい客観的であるべきだね。

ザック　ですが、サラ、もしもボブが魔法について信じていることは虚偽だとサラが言って、それで、他の人たちがあなたの判断を受け入れたとして、それは道理がわかった人間としてのボブの評判にとっていいものではないという点には賛成してくれますか？　ボブは信用をなくすことになりますよね。

サラ　それは論点じゃない。

ボブ　俺にとっては論点だよ。

ザック　サラ、自分の信念は真実でボブの信念は虚偽だと考えてそう発言するとき、それにはいろんな帰結がともなうんですよ。サラにとっても、ボブにとっても。注意すべきです。

サラ　ちゃんと注意してるって。べつに、いつ、いつだってボブとあたしが意見をたがえたときにはあたしが正しくてボブが間違ってるなんて言っちゃいないよ。庭造りについてはボブの方がずっと物知りだし。でも、魔法の件についてはあたしが正しくてボブが間違ってる。

ザック　自分も誤りをおかすことがあると認めつつ、そう言うわけですか？

サラ　言うよ。科学は、誤りから学ぶのが肝心なんだ。魔法を信じるのも、人類が進歩してきたなかでやらかしたいろんな誤りの一つだよ。

ザック　ひとつ知りたいんですが、どんな気分なんでしょうね、あることに関して自分は正しい、意見がちがう人間はまちがっていると断定するときというのは。ちょっとその点を議論してみませんか。サラは、自分の信じていることがなにもかも正しいと思っているんですか？

サラ　まさか。さっきも言ったけど、人間は誤りをやらかす動物だよ。あれこれと間違ったことを信じてるのがふつう。あたしが例外になる理由なんてある？　あたしだって、信じてることの多くは間違ってるはずだよ。

ザック　なにか具体例を教えてもらえますか？

サラ　むかしは、ボブって人生に関してすごく保守的な考えの持ち主なんだって思ってた。いまでは、間違いだったってわかってるけど。

ザック　ですが、サラがいま現在信じていることはどうです？　すべてが正しいと？

サラ　いいや。これまでの経験をふりかえってみれば、きっと、いまあたしが信じてることにだってたくさん虚偽はあると思う。科学史を見れば、いまの科学理論の多くもきっと将来修正しなきゃいけなくなるっていう説得力たっぷりの証拠が見つかる。だって、これまでだって、多くの科学理論は修正されなきゃいけなかったわけだし。あたしたちの科学理論の多くはきっと間違ってる。ただ、そうした理論だって、真理への近似としてはすぐれているかもしれない。あたし個人が科学よりもうまくやれるなんてうそぶけやしないよ。

ザック　続けましょう、いまサラが信じている虚偽の具体例を教えてくれませんか。

サラ　そりゃ無茶なお願いってもんでしょ。いま自分が信じてることのこれやあれが虚偽だってわかってたなら、とっくに放棄してるよ。そうなったら、もう「いま自分が信じてること」じゃなくなっちゃうじゃん。「えっとね、いまあたしが信じてる虚偽の具体例にナントカナントカってのがあるよ」なんて言ったら、馬鹿みたいでしょ。ちがう？　いま現在あたしが信じてることのなかには、間違ったものも含まれているにちがいないけれど、どれが間違いなのかはまだわからないよ。

ザック　すると、いま自分が信じていることのうち、なにかひとつを取り出して「これは真実だ」とサラは言うけれど、その一方で、信じていることのなかには虚偽も混じっていると認めているわけですよね。それって、どれくらい整合性があるものなんでしょうね？

サラ　えっとね、本気で正確を期して言うなら、こんな感じ——いま自分が信じていることのどれかについて質問されたら、あたしは「おそらくこれは真実だ」って言うの。科学は蓋然性で機能するんであって、はっきりした証明で機能するわけじゃない。あたしが信じてることも、ひとつひとつは確かそうだと思ってるし、そうあってほしいとも思う。だけど、ぜんぶがぜんぶ真理だってことはありそうにない。これは完璧に整合してるよ。ちょうど、クジ引きみたいなもん。つまり、一本引いてみるまでは、どのクジもおそらくはハズレなんだけど、もちろん、すべてのクジがそろってハズレなんてわけはないよね。必ずアタリは入ってるんだから。

ボブ　するってぇと、魔法に効き目がないって話も確実じゃあないってことになるわな。認めるんだ？

サラ　うん。厳密に言って確実ってわけじゃない。ただし、魔法に効き目がないのはすごく確かそうなのは間違いないよ。

ボブ　だけどさ、いま俺ら三人が座席に腰掛けてるってことほど確かそうじゃないよね。こうして座ってる様子なら、自分らの目で見てわかるんだから。

サラ　あたしたちが持ち合わせてる証拠から言えば、「魔法に効き目がある」ってことよりも「あたしらが座席に腰掛けてる」ってことの方がずっとはるかに確からしい。でも、絶対的に確かってわけでもない。

ボブ　少なくとも、俺が間違ってるのが確実じゃないってことは認めるわけだ。

ザック　そうすると、サラ、現代科学は時代遅れの真偽の二分法のかわりに蓋然性の尺度をとっているというわけですか？

サラ　そう言ってもいい……と思う。

ザック　だんだん、ぼくの視点と似てるところが増えてきてますね。

サラ　べつに、証拠に照らし合わせてすべての理論が同等に確からしいなんて言ってるんじゃないよ。多くの理論は蓋然性がゼロじゃないって言ってんの。それでいて、理論どうしを比べれば他より蓋然性の高いものもあるわけ。「自分は確実に正しくて相手は確実に間違いだ」っていうんじゃなくって、「自分の視点は相手よりも確からしい」とだけ言ってるのを理解すれば、意見の対立について、たんなる個人の内心の話からはかけ離れてるのがわかるよね。

ボブ　それでもやっぱり、「魔法に効き目なんてない」って断固として言い切る？　それとも、おそらくは効き目ないって言ってるだけ？

サラ　あたしが言ってるのは、手持ちの証拠に照らして、魔法に効き目があるって話はものすごくありそうにないってこと。

ボブ　あー、うん、まだ見解がちがってるな。だって、俺は、自分らが持ち合わせてる証拠に照らして、魔法はおそらく効き目があるって言ってるわけだからさ。サラ、まちがいなく、蓋然性について正しく考えてる？

サラ　うん。その点は自信もってる。

ボブ　蓋然性を過大評価したり過小評価したことは、いままで一度もない？

サラ　まあ、蓋然性〔確率〕について無謬ってことはないよ。トランプで負けたとき、あとからなんで負けちゃったのか突き止めようとするんだ。蓋然性を間違って推測してたって気づくこともあるよ。ザックやキミと同じく、あたしも人間だし。どんなことであれ、あたしも誤りをやらかしがち。

ボブ　魔法に効き目があるってことの蓋然性について、サラが間違ってるかもしれない？

サラ　原則としては、そう。だけど、この場合、ありそうにないってことはすごくはっきりしてる。

ボブ　だけどさ、魔法に効き目があるなんてすごくありそうにないって言うとき、サラは、すごくありそうにないのが絶対的に確実ってこたぁないって同意するんだよね？

サラ　そりゃもちろん、同意するよ。証拠に照らして魔法に効き目があるって話がありそうにないっていうあたしの判断は、絶対的に確実じゃあない。絶対的に確実なことなんてないよ。だけど、魔法に効き目がないのがすごくありそうなことだってことは、すごくありそうなことだよ。

ザック　蓋然性の蓋然性ですね、二段構えだ。サラ、この点は真剣にいきましょう。次は、蓋然性の蓋然性の蓋然性ですか。

サラ　原則としては、そうだね。

ボブ　なんだか、さっきサラがザックに言ってたことを思い出すな。サラは、真偽か虚偽かじゃなくって、蓋然性がでかいかちっちゃいかで考えたいんだよな。

サラ　うん。これは一般的な考え方だよ。

ザック　相対主義クラブにようこそ、サラ。ぼくが勧めたとおり、あなたも、「真理」や「虚偽」みたいな教条的な言葉を投げ捨てようとしてるじゃありませんか。

サラ　からかわないでほしいな、ザック。あたしは相対主義者じゃない。蓋然性の推計にもよしあしがあるもの。

ザック　それは確かですか？

サラ　言い分を変えないで続けるだけの自信ならありますとも。

ボブ　サラはさっきこう言ったよな。魔法みたいなことに関して、自分は間違うことがある。だから、魔法に効き目がないとズバリ言い切るわけじゃない、たんに効き目がないってのがありそうなことだって。それに、蓋然性についても自分は間違うことがありうるともサラは認めた。じゃあ、魔法に効き目がないのはありそうなことだってサラは本気でズバリ言い切るの？　それとも、効き目がないのはありそうなことなのがありそうなことだって言ってるだけ？

サラ　びっくりだよ、よりによってボブがそんな衒学くさい言い回しをするなんて。

ボブ　責めないでくれよ。俺もだんだん染まってきたんだ。さっきサラが言ったように、俺らは人物じゃなくって問題にかかりっきりになるべきだろ。俺の質問への答えはどう？

サラ　どうしても答えろって言うなら、ややこしい答えでも文句はナシで頼むよ。あたしが言ってるのは、魔法に効き目なんてないのはすごくありそうなことだってことがすごくありそうだってこと。これは、もちろん、いま現在の証拠に照らし合わせた蓋然性の話ね。まだ科学がそれほど発展してなかった過去の証拠と照らし合わせた蓋然性とはちがう。それに、将来の証拠と照らし合わせた場合ともちがってるかもしれない。科学がもっと発展したときの証拠だとまたちがってくるかもしれない。

ボブ　サラの言い方はザックの話しぶりを彷彿とさせるなぁ。さっきの駅に止まる前に、困ったことになってたときのザックの話しぶりとさ。

ザック　べつにそんなことはありませんでしたけど。

ボブ　そいつはあんたの視点だな。あんたがなにか言って、俺やサラがツッコミを入れると、決まって後に引いて、さっきのは自分の視点にすぎませんって言い出すんだ。

ザック　それは話を明確にしてるだけですよ。後退じゃなくって。

ボブ　そう呼びたきゃ「明確化」でいいよ。俺の視点から見るとさ、ザック。あんたは自分の立脚点にけっして立たないんだ。さて、お次はサラだ。サラがなにか言って、俺やザックがツッコミを入れると、決まって後に引いて、さっき言ったことはすごくありそうなことなんだって言い出す。「いま現在の証拠に照らしてとてもありそうなこと」って言い方は科学っぽく聞こえるし、「これはぼくの視点にすぎません」はニューエイジっぽく聞こえるけど、どっちも、自分の立脚点をズラす方法なのは同じさ。なあ、サラ。サラはほんとに自分が言ってることを固守するのをやめてない？

サラ　言いたいことはわかるよ、ボブ。あと、ザックには気をわるくしないでほしいんだけど、キミと似た言い方をしてると受け取られたくはないかな。

ザック　気をわるくなんて、とんでもない。あなたがちがう視点をもっているのは尊重しますよ。視点は多ければ多いほどいいですから。

サラ　バカげた視点を増やしてみたって、混乱するばかりだけどね。ともあれ、「蓋然性の蓋然性の〜」って無限後退をするのは、視点の視点のそのまた視点のって無限後退するのと同じくらいよくないよね。どこかで立脚点をもたなきゃ。ズバリ言い切るね。魔法に効き目はない。

ボブ　サラはずっとそう思ってるよね。

サラ　でも、もうひとつ言い切っておくよ。魔法に効き目がないってのはとてもありそうなことだ。これ以上、あたしは後退しない。

ザック　ですが、それでもぼくみたいな言い方してるじゃないですか。ぼくの場合だと、まず、自分の視点ってカードをテーブルに広げて、それは引っ込めないまま（だから後退じゃないんですよ、ボブ）、それは自分の視点だっていうカードも付け加える。

サラ　あたしとザックのちがいはね、ザックの場合、自分が最初に言ったことは自分の視点だって言い足すのは冗長な一手なんだ。一方で、あたしの場合、なにか言ってから、それはすごくありそうなことだって付け足すとき、もともとの主張はずっと変えてないわけ。たんに蓋然性について語っているにすぎませんって後ろに引いてはいない。これは冗長じゃない。だって、あたしは、証拠をもとに蓋然性に訴えて最初の主張を支持してるわけだから。

ボブ　蓋然性はあきらめてないんだ？

サラ　うん。蓋然性はやっぱり必要だから。場合によっては、蓋然性についての言明だけしか言えないときもある。たとえばイカサマなしでコインを投げるとき、「表が出るよ」とも言えないし、「裏が出るよ」とも言えない。言えるのは、「表が出る確率も裏が出る確率もそれぞれ50％だ」ってことだけ。でも、いったんコインを投げてみて表が出たあとにだったら、「表が出た」って言うだけの十分な証拠はあるよね。蓋然性に関する言明だけにせばめておく必要なんてない。で、それと同じ態度を、「魔法に効き目はない」って言明にとるわけ。だって、十分に証拠はあるんだから。

ザック　じゃあ、「魔法に効き目はない」って言うとき、サラは「魔法に効き目がないのは真実だ」とは言わないんですか？

サラ　そう言っちゃうと、たしかに教条的な言い方になっちゃうよね。ザックが言ってるとおり。「真実だ」と言う必要はないんだ。そのかわりに、たんに、「証拠にもとづいて、とてもありそうなこと」って言えばすむんだよ。

4人目登場

ロクサーナ　そちらはあまり論理学をご存じないみたいですね。

サラ　え、なんて？

ロクサーナ　そちらは論理学をあまりご存じないみたいですねと言いました。

サラ　そちらは礼儀をあまりご存じないみたい。

ロクサーナ　真理や虚偽について理解したければ、礼節より論理学の方がずっと助けになりますよ。お三方のうちで、アリストテレスが真偽について言ったことをご記憶の方は？

ボブ　すまん、アリストテレスについてはぜんぜん知らなくてね。

ザック　ご同様です。

サラ　アリストテレス時代の科学なんて、賞味期限切れから二千年経ってるじゃん。

ロクサーナ　どなたも知らないんですね。アリストテレスはこう言ったんですよ、「現にそうではないことをそうであると言ったり、現にそうであることをそうでないと言うのが虚偽である。一方、現にそうであることをそうであると言ったり、現にそうではないことをそうでないと言うのが真理である。」この初歩的な原則は、真偽の論理にとっての基礎です。いまでも、現代の研究で中心を占めています。真偽の論理学に最大の貢献をした現代ポーランド人の論理学者アルフレッド・タルスキも、これを支持しています。

ボブ　タル……聞いたことないな。アリストテレスの言い様がえらく賢そうなのは確かだと思うよ。どういう意味だか俺にもわかるといいんだけど。

ロクサーナ　お三方とも、まずはごく初歩からはじめてもらわないといけないようで。

サラ　キミに講義してもらわなくたって、けっこううまくやっていけるよ。ごきげんよう。

ロクサーナ　うまくやれないのは目に見えて明らかですが。

ザック　たしかお名前を伺っていませんでしたね。

ロクサーナ　もちろんそうでしょう。言ってませんから。

ザック　伺っても？

ロクサーナ　かまいませんが、いまの論点には関係ありませんね。

ボブ　まあそう言わずに、たのむよ。名前は？
ロクサーナ　「ロクサーナ」です。
ザック　いい名前ですね、ロクサーナ。ぼくは「ザック」といいます。
ボブ　俺らの会話で気をわるくしてなきゃいいんだけど。
ロクサーナ　知的な規律が欠如している点には、ほんの少しいらつきましたね。
ボブ　すまんね。夢中で話し込んじまっててさ。
ロクサーナ　些末なことに時間をつかうのはもういいでしょう。そちらの「サラ」という女性が言ったことの間違いを説明しましょう。
サラ　「サラ」でお願いしたいね。「サラという女性」じゃなくって。
ボブ　その方が短いし。
サラ　それだけじゃなくってさ、自己紹介したわけじゃない。差し向かいにいる相手を、知らない通行人みたいに呼ぶのは失礼だよ。
ロクサーナ　ファーストネームで呼び合うのがいいなら、そうしましょう。そうしたからといって、あなたの間違いを説明するのに支障はありませんし。まず、アリストテレスが真偽について観察したことを、具体例で解説しましょうか。ごく単純な例なので、みなさんでもきっと理解できるでしょう。ひとつ、なにか断定します。
ボブ　断定はいりまーす。
ロクサーナ　邪魔しないでいただきたく。
ボブ　俺、学生時代はいっつも教室の後ろで私語してたんだよね。

ザック　まあ、ボブのことは気にしないでください。みんな、よろこんであなたの断定を聞きますから。ご静粛に。

ロクサーナ　サマルカンドはウズベキスタンにある。

サラ　それが断定？

ロクサーナ　これが断定です。

ボブ　サマルカンドってあそこだったのか。いっつもどこのことやらわかんなくってさ。

ロクサーナ　論理に集中して。地理ではなくて。こうしてサマルカンドについて断定するとき、私が真実を語っているのは、サマルカンドが現にウズベキスタンにあるとき、そしてそのときにかぎられます。虚偽を語っているのは、サマルカンドがウズベキスタンにないときであり、そしてそのときにかぎられます。

ザック　それだけです？

ロクサーナ　これで十分です。

ボブ　なんとなくわかったよ。真実は現にそうであるとおりを言うこと、虚偽とは現にそうでないことを言うこと、だろ。それがアリストテレスの言わんとしたことかい？

ロクサーナ　そうパラフレーズしておいて、さしあたって問題はありませんね。

サラ　そういう話だったら、アリストテレスの言わんとしてることって、あからさまにわかりきったことじゃない？

ロクサーナ　いったんわかってしまえば、確かにそうです。しかし、あなたは違反していたのですよ。

サラ　なに、あたしに知的な欠陥があるとでも？

ロクサーナ　そこまでは言いません。たんに、真偽の論理学の初歩的な原則に違反していたと指摘したまでのことです。

ボブ　サラはすごく知的で学のある女性だよ、ロクサーナ。サラがそんなことをやったとは思わないな。

ロクサーナ　思わないとしても、現にやったのですが。

サラ　どういう風に？

ロクサーナ　よく聞いてくださいね、お三方とも。まず、サラは「魔法に効き目はない」と言いました。それから、魔法に効き目はないと結論せざるをえないことを否認したんです。彼女は、「真理」という単語を使うのをこわがったんでしょう。ですが、アリストテレスが言うように、現にそうであるとおりを言うこと、あるいは、現にそうでないのをそうでないと言うのが真理です。よって、サラは間違っていました。魔法に効き目はないと言うなら、必ず、魔法に効き目はないのが真実だと結論せねばなりません。

ザック　それはサラの問題であって、ぼくのじゃないですね。魔法についていちばんよく知っていると主張したのはサラなんですから。

ロクサーナ　あなたの混乱はもっと一般的なものです。あなたは、「真理」や「虚偽」といった単語を避けるように勧めていましたね。なんでも、こうした単語を使うと、異論をよぶ価値判断にいたって、誰かの信念が他の誰かの信念にすぐれていると判断することになるからだと。

ザック　まさしくそのとおりですよ、ロクサーナ。だからこそ、その手の二文字は使わないようにすべきなんです。

ロクサーナ　真偽の単語を避けてみても無益です。価値判断の源泉は、真理を語る方がそうしないよりもすぐれているという暗黙の仮定にあるのですから（ボブのくだけた言葉遣いで言うと）。

ボブ　誰だってくだけた言葉遣いができるってわけでもないよ。

ロクサーナ　黙ってて。続けます。「現にそうであるとおりを言う方が現にそうでないことを言うよりもいい」という暗黙の仮定にもとづいているために、「魔法に効き目はある」という言明から、魔法に効き目があると言う方が効き目がないと言うよりもいいことが導かれます。というのも、もし魔法に効き目があるとしたら、「魔法に効き目がある」と言うのは現にそうであるとおりを言うことになり、「魔法に効き目はない」と言うのは現にそうでないことを言うことになるわけですからね。

サラ　だけど、「魔法に効き目はない」っていうあたしの言明の方はどうなるわけ？

ロクサーナ　同様の推論で、あなたの言明からは、魔法に効き目はないと言う方が効き目はあると言うよりもよいことが導かれます。

サラ　そりゃどうも。

ロクサーナ　したがって、この暗黙の仮定をふまえると、それぞれの言明から、それを否認するよりも主張する方がよい、ということが導かれます。

サラ　それがキミの主眼？

ロクサーナ　「真理」や「虚偽」のような言葉を使っていなくても異論を呼ぶ価値の比較は生じる、というのが主眼です。この場合の価値比較は、一方でボブが魔法に効き目はあると断定し、他方でサラがそれを否認することから生じています。どちらも、魔法について現にそうであるとおりを言おうとしています。現にそうであるとおりを言うのがそうでないことを言うことにまさるのだとすれば、真理が虚偽にまさるわけです。

ザック　ぶちのめす、わけですね。真偽の言葉に秘めた暴力によって。

ロクサーナ　私の学校では、そうやって途中で口を挟むと張り倒されますね。私が言おうとしていたのは、「真理」や「虚偽」といった単語は、たんに、現にそうであるとおりを言う方を好ましいと考えるという暗黙の仮定を、もっと短く言えるようにできるということです。つまり、「真理の方を好ましく思う」と言えばすみますよね。なぜ真理の方を好ましく思うのかを説明するわけではありません。サラは、真偽の論理をあっさりと無視してすませています。一方、ザックは「真理」「虚偽」という言葉を使うことに見当違いな異論を唱えようとして、一貫してこの論理に背反しています。

ザック　わかってないですね、ロクサーナ。ぼくは、「真理」や「虚偽」といった言葉でなされる慣習的なゲームを拒否しているんです。そのぼくが、どうしてその規則にしばられる必要がありますか？

ロクサーナ　理解しそこなっているのはあなたの方ですよ。あなたは絶対主義を批判するにあたって、この論理規則にのっとってゲームをやればよからぬ帰結が生じるのを示そうとしていますよね。だったら、あなたは帰結を導き出すために、こうした論理の規則に従わなくてはなりません。さもなければ、たんに自分のきまぐれな結論を他人に押しつけることにしかなりません。規則にのっとってゲームをやるのを身につけないかぎり、ゲームに必要なことと必要でないことはけっして理解できませんよ。

サラ　でも、誰かが、たとえばザックみたいな人が、現にそうであるとおりを言う方がそうでないことをそうだと言うのにまさるって仮定を拒否したらどうなるの？

ボブ　善意で言う嘘だってあるじゃん。いまわの際にある人にあるがままを伝えるのが、いつでもいいこととはかぎらないだろ。

ロクサーナ　現にそうであるとおりを言う方を現にそうでないことをそうだと言うのよりいいことだと考えない場合、真理の方を虚偽よりいいことだと考えないわけでしょう。「真理」や「虚偽」といった言葉を使ったからと言って、異論を呼ぶ価値判断にいたるとはかぎらないんですよ。

サラ　キミのマナーはむかつくけど——こっちまで感染しちゃってるし——でも、ロクサーナが言ってることはわかるよ。たぶん、キミはいいところを突いてるんだ。科学精神で人生に向き合う人間として、あたしは真理の方がいいと思ってるし、現にあるとおりを伝える方がいいと思ってるから、そうしてる。

ボブ　俺もたいていそうしてるし、まともな人なら誰だってそうしてる。まあ、俺がサラやロクサーナが言ってることをちゃんと理解してるとしての話だけどさ。ただ、一つわからないんだ。現にそうであるとおりのことを言うのが夫に誠実であるってなると、よその男どもと浮気してる妻が夫にあらいざらいなにもかもを細かく正確に語るのも、夫に誠実であることになるのかな？

ロクサーナ　真実を言うことと誠実であることとは別物です。相手に誠実であるからといって、いつでも相手に真実を語ることにはなりません。問題を混同しないでください。

ボブ　スミマセン。

ザック　ですが、あなたの場合、誠実さよりも真実の方をよしとしているのでは？

ロクサーナ　いいえ、どちらも妥当です。ただ、たんにいまの話にはそのうちの一方が関連しているだけのことです。

ザック　「誠実」よりも「真理」が優越するなんて誰が言いました？　ボブは、誠実が関連していると感じたんです。彼にはそちらが関連あるんですよ。

ロクサーナ　なるほど彼はいまの議論に誠実が関連していると思ったのでしょうけれど、それは彼の間違いです。いまこの文脈に関連しているのは「誠実」ではなくて「真理」の方です。たとえば、「魔法に効き目があるというのは真である」というときの真理ですね。こちらは不倫の回避には関係のないことです。

ボブ　あんな例あげなきゃよかった。

サラ　ともあれ、あたしがさっき言いかけてたように、真理が優先されると考えるのは、科学の根っこにある。だから、ロクサーナの言わんとしてることは、科学に当てはまる。大事なのは、「真理」とか「虚偽」のような言葉じゃないんだ。言葉はただの方便だから。

ボブ　嘘もね。[2]

サラ　ボブ、うっさい。大事なのは、現にそうであるとおりを言うこと。科学で「真理」という言

1　［訳註］原文では"being true"。このフレーズはあいまいで、相手に対して嘘偽りのない誠実な態度をとることと言明が真であることのどちらにもとれる。

2　［訳註］原文では、サラの「方便"conveniences"」にボブが"Public?"とかぶせて、「公衆便所」を意味する public convenience にかけている。

葉を使うことがあったとしても、必要ならこの単語じたいはなくてもすませられる。使わなかったとしても、得られるものも失うものも大してありゃしない。「粒子によっては光速を超えて移動するものもあるのは真実か?」と質問するとして、べつにそこで「粒子によっては光速を超えて移動するものもあるか?」とだけ言ったってべつにかまわない。要点は同じなんだから。「真理」や「虚偽」といった単語と、その単語のはたらきは別々なんだ。「粒子によっては光速を超えて移動するものもあるというのは虚偽である」が言わんとしてるのは、ようするに「粒子によっては光速を超えて移動するものはない」ってことだよね。あるいは、「光に関していちばん基礎的な真実はなにか?」と聞かずに、「光のいちばん基礎的な属性はなにか?」と聞いてもいいんだ。

ロクサーナ　ようやく知性らしきものが見えてきましたね。

サラ　大したお世辞だね。

ボブ　たぶん、ロクサーナとサラが言ってることが俺にもわかってると思う。「魔女がいるのは真実か?」ってのは、たんに「魔女はいるのか?」とおんなじことだ。魔女がいるのは真実かって聞いちゃいけないとしたら、魔女はいるかどうかって聞いてもいけないわけだ。

サラ　そうそう。

真であることと、確かに知っていること

ザック　いやはや、みなさん性急すぎませんか。「真理」という単語を使い出したら、「確実性」もほ

のめかすようになるでしょうね。疑いなく確実なものでなければ「真理」とは呼べませんから。確実性をほのめかしたくないなら、「真理」なんて言わないことですよ。

ロクサーナ　おきまりの混乱ですね。

ザック　あなたの視点から見れば混乱でしょうけどね、ロクサーナ。でも、ぼくの視点から見れば、これはちょっとした洞察なんですよ。

ロクサーナ　じゃあ、私の視点が正しい視点です。そのことを示すために、ひとつ例を挙げましょうか。この電車内にあるコインの総数を考えてみてください。ポケットに入っているコインからなにから、全部です。そんなものを数え上げた人なんて、いませんよね。つまり、誰一人として、コインの総数が奇数なのか偶数なのかを知っている人なんていません。ですが、総数は偶数か奇数かのいずれか一方です。誰にもどちらかはわからないとしても。

サラ　ほんとに大事なら、電車じゅうを探し回って調べられなくはないけどね。

ボブ　「オラオラ、ジャンプしてみろよォ」ってね。

ロクサーナ　ともあれ、現時点では、コインの総数が偶数なのも確実ではありませんし、奇数なのも確実ではありませんね。

ザック　それがどうだというんです?

ロクサーナ　総数は偶数か奇数のいずれかですから、総数が偶数なのが真であるか、総数が奇数なのが真であるか、そのいずれかです。したがって、真でありながらも確実ではないことがあるわけです。「いま電車内にあるコインの総数は偶数である」や「コインの総数は奇数である」は、確実性なき真理の一例です。どちらが真理なのかを調べるわけにはいかないとしても、この二つの文がともにそういう例に当たるのはわかりますね。真理が確実性を含意するとザックは主張しましたが、これは正しくないのがわかります。

ザック　あなたの「あれかこれか」論理にはがっかりです。なにもかもが白黒つくわけではないでしょう。白と黒の間には濃淡さまざまな灰色の領域があるじゃないですか。

ロクサーナ　べつに、論理からは「すべてが白か黒かである」ということはでてきませんよ。論理から導かれるのは、「どんなものであれ、黒であるか黒でないかのいずれかである」ということです。濃淡さまざまな灰色は黒であるか黒でないかのいずれかです。実際のところは黒でないですからね。また、論理からは、どんなものであれ、白いか白くないかのいずれかであることも導かれます。濃淡さまざまな灰色は白いか白くないかのいずれかです。なぜなら、実際には白くありませんから。[3]

ザック　あなたの白か黒か灰色かの冷たい世界から、ご自分を解放しないのはどういうわけです？ぼくの総天然色の世界なら、虹をつくるすべての色彩が調和しているというのに。こちらにくればいいじゃないですか。

ロクサーナ　これは補習授業が必要ですね。

サラ　ザック、ロクサーナの言い方は気にしないでいいから。彼女が言おうとしてることを、別の言い方で説明してみるね。まず、ひとつ質問させてもらうよ。理由はすぐわかるから。地球以外の惑星に生命がいるのは真実？

ザック　ぼくにわかるわけないですよ、サラ。誰にもわかりません——少なくとも、ぼくの視点からは。

サラ　はいはい、それでいいよ。じゃあ、地球以外の惑星に生命がいるのは確実かな？

ザック　いいえ。さっき言ったように、誰にもわかりませんよ。

サラ　ほらね。キミの視点から見たって、やっぱり真理には確実性は必要じゃないんだよ。

ザック　なんの話です？　ぼくは自分の視点がどういうものかをあなたに伝えますし、あなたもあなたの視点がどういうものかをぼくに言えるでしょう。でも、ぼくの視点がどういうものかをあなたはぼくに伝えてはいませんよ。

ロクサーナ　先生の言うことをよく聞いて学びなさいな。サラの質問の論理を分析しましょう。もし真理から確実性が導き出されるとしたら、不確実性からは非真理が導き出される――これはいいですね[4]？

ザック　はいはい。そのテの論理ゲームならお供しますよ。どうしてもと言われればね。

ロクサーナ　どうしてもです。サラの最初の質問は「地球以外の惑星に生命がいるのは真実か？」でしたね。こちらを「真偽質問」と呼ぶことにしましょう。その次の質問は「地球以外の惑星に生

3　［訳註］この話のつながりはわかりにくいかもしれない。ロクサーナはこう言っている。「灰色は白いか白くないかのいずれかである、なぜなら実際には（灰色は）白くないから」。どういうことかと言うと、「Qである」が真のときには「PまたはQである」も真になるのをロクサーナは踏まえている。これだけでは、すぐにピンとこないかもしれない。同じ形式で、中身を変えてみよう。たとえば、「太郎はさっきコーヒーか紅茶を飲んだ」と誰かが言ったとする（PまたはQ）。「太郎はさっき紅茶を飲んだ」（Q）が真だったら――太郎がさっきほんとに紅茶を飲んでいたなら――この言明は真になる。では、この話を「なぜなら」でつなげてみよう――「太郎はさっき紅茶かコーヒーを飲んだ、なぜなら紅茶を飲んだから。」

命がいるのは確実か？」でした。こちらは「確実性質問」とします。真偽質問へのあなたの答えは「わかりません」でした。次の確実性質問への答えは「いいえ」でした。この二つが自分の答えなのは認めますか？

ザック　ええ、これでいいです。ですが、いったいどこに話が向かっているのやら。

ロクサーナ　あなたは、真偽質問と確実性質問を同じように扱っていないんですよ。真偽質問への答えと、確実性質問への答えは同等ではなかった。「わかりません」と「いいえ」では大違いですから。

ザック　どちらも否定的な返答じゃないですか。どこがどう大違いなんです？

サラ　今度ビザの申請をするときに「これまで麻薬の密輸に関わったことはありますか」って聞かれたら、「いいえ」じゃなくって「わかりません」って答えてみればいいよ。すぐにちがいがわかるから。

ロクサーナ　ザック、もし不確実性から非真理を推論していたなら、真偽質問には「いいえ」と答えていたはずですよ。だって、確実性質問には「いいえ」で答えていたんですから。ですが、あなたはそう答えなかった。サラの質問で、あなたはボロを出したんですよ。二つへの答え方で、あなたは真理に確実性が必要だと実は自分が考えていないことを暴露したんです。

ボブ　サラに一ゴール。ザックは○点。

ザック　この審判は盲目ですね。サラはまるっきりオフサイドでしたよ。

ロクサーナ　いいえ。ゴールシーンをスローモーション再生でごらんいただければ、サラがオンサイドだったのは明らかです。間違いなくゴールは決まりました。

ザック　さっきからずっと言っているように、「真理」や「虚偽」といった言葉は厄介ごとになるんですよ。

ロクサーナ　いいえ。厄介なのは、あなたが真理と確実性を混同している点であって、「真理」や「虚偽」の初歩的な論理にはなにも問題ありません。サラは、あなたよりずっとすばやく要点を見抜いていました。

サラ　あたしの保護者面はやめてよ。

ロクサーナ　真理を一つ言ったにすぎません。

語ることと、考えること

ボブ　ところで、ずっと気になってることがあるんだけどさ。俺はべつに真理を大声で語りたいだけじゃないんだ。頭のなかで、その真理を考えたいとも思ってる。ロクサーナがさっき言ったアリストテレスの引用だと、語るときの真偽にしか触れてなかったよな。思考についてはどうなん？

4　［訳註］ここでサラとロクサーナは、「PならばQ」と真偽がひとしい対偶《たいぐう》の「QでないならPでない」を踏まえている。つまり、「Pは真である」から「Pは確実である」が導かれるとしたら、その対偶で、「Pは確実でない」から「Pは真でない」が導かれる。（練習問題 —— 「タロウが犬ならば、タロウは動物である」の対偶をとってみよう。答えは……「タロウが動物でないならば、タロウは犬でない。」）

ロクサーナ　答えは自明です。アリストテレスの原則は、ものを語ることからものを考えることまで一般化されます。発言における真理とは、現にあるとおりのことを語ることでしたね。思考における真理とは、現にあるとおりに考えることです。同じく、発言における虚偽とは現にそうでないのにそうだと語ることでした。思考における虚偽とは、現にそうでないのにそうだと考えることです。サマルカンドはウズベキスタンにあると考えるとき、私の考えが真なのは、サマルカンドが現にウズベキスタンにあるとき、そしてそのときにかぎられます。私の考えが偽なのは、サマルカンドが現にウズベキスタンにないとき、そしてそのときだけです。発言に当てはめたときと変わらず、ひねりなしに、思考にも「真」「偽」は当てはまります。

サラ　だね。現にあるとおりのことを言いたいから、あたしは真理を言おうとする。それとそっくり同じように、現にあるとおりのことを考えたいから、あたしは真理を考えようとする。こうしてみると、実際のいろんな場面でみんなが真なことを考えようとする理由がはっきりするよね。つまり、現にあるとおりに物事を考えて行動した場合の方が、現にそうでないことを考えて行動した場合よりも、目標を達成する見込みはずっと高いわけだから。

ボブ　それもまだ俺には抽象的すぎるよ。

サラ　具体例を出すね。山を歩いていて、道に迷ったことがあるんだ。すっかり曇り空になってしまって、あたり一面みんな岩ばかりで、道が見つからない。下っていくと安全な道があるはずだった。狭い尾根に沿って道があるとあたしは思ってたの。尾根を伝って歩いてみたけれど、いけばいくほど斜面は険しくなってくる。しかたなくて、下ってきた尾根をまた登り直さなきゃいけなかった。足を滑らせて、あやうくずっと下まで転げ落ちそうになったりしながらね。

ボブ　落ちてたら死んでたんじゃ？

サラ　きっとね。

ボブ　そんな風に一人で山登りなんていかない方がいいよ。あぶなすぎる。

サラ　楽しんでるし。一人で山登りしてると生きてる実感がわいてくるんだよ。感覚を研ぎ澄まさなきゃいけないから。ともあれ、そこは要点じゃなくって。

ボブ　じゃあ、なに？

サラ　下る道筋を間違って思い込んでたせいで、あやうく死にかけたってこと。下り道について、ほんととちがう風に考えてたんだ。道筋を現にそうなってるとおりに考えるようになったら、安全に下れた。考え直した後の信念で、命を救われたわけ。

ボブ　下り道はどうやってわかったの？

サラ　いったん通ったところを戻っていたら、他の登山者に会ったんだ。その人に、正しい下り道を教わったの。ああいう場面では、現にそうでないことを言う人よりも現にそうなってるとおりを言う人の方がいいって考える理由は明らかだよね。あたしはその人を信頼することにした――そうするしかテがなかったし。疲れ切っていて、だんだんあたりが暗くなり始めてた。彼女に間違った道を教わっていたら、きっとまた厄介なことになってたろうね。だからさ、行動の成功は現にそうであるとおりに物事を考えることが土台になるわけ。

ボブ　虚偽の想定にもとづいて行動しても、必ずわるいことになるとはかぎんないよ。我が人生の伴侶さまと出会ったきっかけは、うっかり店員とまちがえて彼女に質問したからなんだ。

サラ　その話はまた別の日にお願いしたいかな。ともかく、ボブの言ってることは正しいよ。つまり、真な信念にもとづく行動は、偽な信念にもとづく行動よりもいい結果になると保証されてるわけじゃあない。でも、いい結果になる見込みはずっと大きい。偽な信念にもとづく行動がうまくいくとしても、ただ運がいいときにかぎられる。

ザック　もしかすると、ボブが言うまちがいは、もっと深い意味で真実だったのかも。

サラ　ボブの奥さんは深い意味で店員だったって？

ボブ　冗談は顔だけにしてくれよ。彼女は芸術家だよ。魂から芸術家なんだ。

ザック　深い水準での話をしてるんですよ。ぼくの視点から見て、この無味乾燥なアリストテレス論理による切り分けは不毛で些末で浅く見えますね。それよりも、フリードリッヒ・ニーチェの洞察の方がはるかに深みがありますよ。ニーチェは、「真理とは幻想であることを忘却された幻想だ」と言うんです。

ロクサーナ　その種の文句が深い話として通用するのは、論理の訓練を受けていない人たちの間だけですね。ただ、少なくとも独自の基準では真理の美徳があるのかもしれません。つまり、幻想だということをザックが忘却している幻想ではあるのかもしれません——まあ、忘却以前に、一度でも幻想だとわかっていたかどうか知りませんが。

ボブ　ニーチェが言わんとしてるのはどんなことなの、ザック。

ザック　ニーチェが言っているのは、言語によっては物事のありようを妥当に表現できないということですよ。

ボブ　それには共感を覚えるな。なんて言ったらいいか言葉がでてこないことがよくあるんだ。

ザック　ニーチェとはちがいますね。彼が言ってるのは、言語そのものにある、もっと深い無力のことなんです。

ボブ　よくわかんねぇや。ニーチェの言う「幻想」ってのはどういう意味？

ザック　ニーチェが言わんとしているのは、現にそうであるように見えるけれども実際にはそうでないことです。

ロクサーナ　それこそアリストテレスが言う偽《ぎ》の定義じゃありませんか。偽の定義を見かけに当てはめたらでてきますよ。

サラ　ニーチェが言おうとしてることって、言語に惑わされているせいで実際には真実じゃないのに真実だとあたしらが思ってるもののことっぽいけどなぁ。

ロクサーナ　それだって、アリストテレスの言う真理の定義に合致しますよ。

サラ　ともあれ、言語に期待しすぎなきゃ、惑わされるのを避けられるんじゃないかな。ボブがいまの奥さんを店員とまちがえたって話だけど、その一件で彼女の人となりがぜんぶ描き出されてるなんてあたしは思わないし。ボブが言ったことは、彼女がほんとに店員だったんじゃないかぎり真実だよ。

ボブ　店員じゃないって。

サラ　わかってるって。

ザック　サラ、ロクサーナに言われるまま古くさいアリストテレス流思考法に引きずり込まれているのはどういうわけです？　ロクサーナ、どうしてアリストテレスの権威に訴えるのをやめないんです？　アリストテレスなんて、奴隷制を擁護していたんですよ？　自分は埒外にして、人間によってはその性質からして奴隷になるのがふさわしい者がいる、なんて言っていたんですから。政治学や生物学や物理学では、アリストテレスの権威なんて受け入れられていないじゃないですか。どうして論理学ではあれの権威を受け入れるんです？——あれがぼくらを真理の奴隷に仕立てようとしてるっていうのに。

ロクサーナ　現代の論理学者たちは、論理学におけるアリストテレスの権威に訴えてなどいません。アリストテレスが論理に関して主張したことの一部は受け入れる一方で、却下している主張もあります。それぞれの長短を基準にしてね。アリストテレスが最初に真理と虚偽それぞれを特徴づけたのを、論理学者たちは実りある探求の出発点にちょうどいいと考えたまでのことです。論理学のためには、他にまともな選択肢がないんですよ。

ザック　それだったら、論理学者たちも気楽に構えて、まじめぶるのをやめればいいんですよ。アリストテレスがどうなったか考えてもみてください。真理と虚偽についてまじめになりすぎたおかげで、アリストテレスは自分のような人間なら他人を所有して好きなように搾取してかまわないんだと考えるようになったんですから。「真《しん》な」信念の持ち主は奴隷の主人になり、「偽《ぎ》な」信念の持ち主は奴隷になるんだと。

ロクサーナ　奴隷制に関するアリストテレスの見解は、彼の社会環境にもとづいているのですから、真偽の論理に関する見解とは事情がちがいます。社会環境はこの論理と関わりありません。真偽の論理に関するアリストテレスの見解は、時間の試練に耐えました。奴隷制に関する見解の方はこれに耐えませんでした。

ザック　論理学者たちがニーチェの挑戦に目を覚ましていないからって、ぼくを責めないでくださいよ。ともあれ、学生がわざわざアリストテレスの哲学を学ぶよう強制されるいわれがありますか？　奴隷を先祖にもつ人たちを不快にさせるかもしれないじゃないですか。アリストテレスの著作なんて、人目につかないようにした方がいいんじゃないですか。人目につかないようにして、奴隷制に関する彼の見解をぼくらが憎んでいることと、奴隷を先祖にもつ学生たちへの連帯を表明しないと、奴隷制に対する彼の態度を容認していることになりませんか？

ボブ　そいつはアリストテレスの視点だな。視点は多ければ多いほどいい。ザックが言ったんだろ。

ザック　それはいまの話に関係ないでしょう。

ボブ　俺には無関係には見えないけどね。でもまあ、それはいいとしようか。

ロクサーナ　論理学者たちは、べつにアリストテレスを崇拝しているのではありませんよ。アリストテレスだって、他の誰とも変わらず誤りがちな存在です。サラの言いそうな言葉で言えば。論理学者たちは、彼の科学的な業績を評価したうえで、アリストテレスを論理学者・哲学者として尊敬しているんです。私の先祖にも侵略者の奴隷にされた人たちもいたでしょうけれど、アリストテレスを読んで気を悪くしたためしなんてありません。彼の時代には、奴隷制に関するああいう見解は典型的だったことも承知しています。ザックが尊崇するニーチェがどれほどの吟味に耐えます？　ニーチェは発狂したんですよね。ということは、彼の著作すべてが狂気だということになりますか？

ザック　もちろん、そんなことはありませんよ。

ロクサーナ　ニーチェは、女性のことを「弱く、典型的に病弱で変わりやすく不整合」と述べていますよ。

ザック　いい、私は弱いのですか？

ロクサーナ　いやいや、まさか。

ザック　ニーチェが女性についてこういうことを書いていて、女性の学生がその著作を読んで不快に感じることがあるかもしれないとして――私はちがいますが――では、ニーチェの著作を禁ずるべきだと？

ロクサーナ　いやいや、まさかそんなことは言いません。

ザック　だったら、さきほどの思慮の足りない発言をご自分で考え直すことです。

サラ　一面ではすごくひどい行動や発言をする人物だって、偉大な科学的発見をなしとげたり芸術の傑作をつくりだしたりするかもしれないってことなら、みんな受け入れるんじゃないかな。ザック、キミが論理原則の足下をすくおうとして、提案した人たちの論理に関わらない側面を攻撃し続けたなら、論理原則そのものにちゃんとした反論が考えつかないからじゃないかって疑うよ。

ザック　ええっとですね、議論のために、さしあたって「真理」や「虚偽」といった単語が害を及ぼすのではないと仮定しておきましょう。それどころか、そうした言葉を使う些末なアリストテレス論理学も有害でないとしておきます。それじたいでは、これらは無害だとしておきましょう。現にそうであるとおりを言うことと現にそうでないことをそうだと言うこととという、賢しげなマッチョ二分法にはまだ懐疑的ですけどね。

ボブ　道を聞くときには、現にそうなってるとおりのことを教わりたいと思わねえの？　実際とちがう道じゃなくってさ。

ザック　同じ目的地に行くのにだって、何通りも道はあるでしょう。
ボブ　それでも、他でもなくその目的地につく道を教わりたいのは同じじゃん。
ザック　新しい目的地を見つけることだってありますよ。ちょうど、お店でボブの身に起きたように。
ボブ　その話はもういいよ。

区別

ロクサーナ　さきほど指摘があったように、真実を言われるのがいつでも虚偽を言われるのよりのぞましい結果をもたらすとはかぎりません。たいていはそうですけどね。だからといって、現にそうなっているとおりを言われることと、現にそうなっていないことを言われることとの区別が無効になるわけではありませんよ。
サラ　もともと考えてた目的地にたどり着くことと、ヨソにたどり着くことがちがうのは変わりないよね。たしかに、途中でヨソの方がいいやって考え直すことだってあるかもだけどさ。
ボブ　たまに、道を教わったのはいいけど、説明がぼんやりしていて、目的地にぶじ着いた後になって、いったいありゃあ現にそうなってるとおりだったのかそうじゃなかったのかよくわかんないことがあるんだよね。
ザック　幾何学的に精密な経路を知らされたい人なんていますか？　いちばん役に立つ案内は、決まって、おおざっぱで手軽なものじゃないですか。言語はあいまいで、決まって境界例があるんですから、現にそうであるとおりを言うことと現にそうでないことを言うこととの区別をしてみたところで、なんの意味がありますか？

ロクサーナ　日常言語でなされる区別はほぼ決まって境界例がありますよ。それでも、区別が使い物にならなくなりはしません。たとえば、ハゲとハゲでないの区別がそうです。男性のなかには、明らかなハゲでもなければ明らかにハゲでなくもない境界例がいるでしょう。それでも、他に明らかにハゲの人たちがいて、明らかにハゲでない人たちもいる以上、誰かの外見を、その人を知らない相手に伝えるのに「ハゲ」という言葉は役に立ちます。

サラ　ボブは明らかにハゲじゃないよね。

ボブ　安心したよ。

サラ　向こうの端っこにいる人は明らかにハゲだね。

ザック　あの人だって、きっと徐々にハゲてきたんでしょうに。ある朝起きてみたらいきなり髪が抜け落ちていたってわけではないでしょう。彼だって何年も境界例だったんですよ。

ボブ　じゃあ、あっちの人は？　髪を長くして器用にぺたっとはりつけてる。あれはハゲ？

サラ　あれも境界例だね。

ロクサーナ　いえ、明らかにハゲですよ。

ザック　ひとのことをハゲだのどうのと言うのは、ひどく傷つく言いようですよ。

サラ　い、キミのことを言ったんじゃないって。キミはまだけっこうふさふさじゃん。

ザック　べつに自分のことを言ったんじゃありません。一般論を言ったんです。区別は危険です。いつも人々をあっちの箱、こっちの箱に仕分けるのは、いいことじゃありませんよ。みなさん境界例を挙げましたよね。区別をするというのは、物事を境界線のこちら側とあちら側に分断することなんです。パスポートをもっていないかぎり、その境界線をまたぐことをゆるさない。それこそ、さっきぼくが批判しておいた「あれかこれか」の論理です。分けるのに時間を費やすくらいならもっと——

ボブ　掛けるのがいいね。

ザック　それもいいですが、ぼくが言いかけたのは「加える」です。

ロクサーナ　あなたも区別に頼っているではありませんか。加えることと分けることを分けることに。

ザック　どうしても区別をしなければならない場合にもですね、裁き立てる態度なしで区別を当てはめるべきですよ。あっちの箱、こっちの箱に入れられて、人々が喜ぶと思いますか？　そうした仕分け箱が、そのまま棺桶にならないともかぎらないのに。小さな仕分け箱にうまく収まらなかったら、感謝すべきですよ。そのおかげで、そうした箱による区別は自分たちのものであって相手のものではないのを思い起こさせてもらえますから。

ボブ　ザックがなに言ってんだか、ぜんぜんわからねえ。

ザック　自分たちの区別が正しい、他の人たちの区別が間違っていると見なすべきではないと言ってるんですよ。目的がちがえば、それに適した区別もちがってきます。科学者たちは分子構造で物質を分類するでしょうが、画家は色彩で分類するかもしれません。

サラ　ナチスが人種の疑似科学にもとづいてアーリア人とアーリア人以外を区別したのはどうなの？　スケープゴートをつくりだして迫害するって目的にぴったりだったわけでしょ。それとも、あの区別だってたとえばヒトとヒト以外みたいなあたしらが使う区別に負けず劣らずいいものだったって？

ザック　ぼくがナチスを擁護してるわけではないのはおわかりでしょうに。かりにそうだとしても、ナチスにも彼らなりの視点があったんですよ。歴史家は、彼らの視点を理解しなければ彼らの行動の意味がわかりませんよ。人によってはナチスを人に劣る畜生とでも思っていたりしますが、それはナチと同じ思考法です。彼らだって人間だったんですよ。

サラ　それって言い訳をしてやってるの？　それとも、非難の一環なの？　ザックだって、ナチスを種《しゅ》っていう科学的な方法で〈同じ人間に〉分類してるじゃん。ただ、人種っていう疑似科学的な方法じゃないだけで。基礎になる区別を見つけ出すのは科学だよ。

ロクサーナ　サラはプラトンの考えをなぞっていますね。自然を、その節目で切り分けたいと思っているんですよ。

ザック　ほらね、区別ってのは肉屋が肉をぶったぎるのと同じことなんですよ。

ボブ　肉屋にも肉屋なりの視点があるさ。

サラ　もっと女性的な喩えがいいなら、科学はいちばん実り豊かな区別を必要とするんだよ。生物学者たちは生き物を種に区別するいちばん実り豊かな方法を見つけ出そうとしてるんだ。

ボブ　ほらな、やっぱり掛け算だったじゃん。

サラ　で、あらゆる区別の母にあたるのが真と偽の区別なんだ。線引きをするときには、こっち側に該当するのが真な物事と、偽な物事とにわける。科学は、いろんな区別を必要としてる。だから、真と偽の区別が必要なんだ。

ボブ　魔法だってそうだよ。誰かが魔女なのが真なのか偽なのかが大事だから。

ザック　サラ、あなたの論証は速すぎて、ぼくの目では追い切れませんでしたよ。ただ、真偽の区別が科学で役立つとして――ぼくは疑っていますが――科学以外に人間がやるもっと開かれた活動の目的にとっても真偽の区別が必要だとか、有用だとか、さらには有意味だとか、そういうことにはならないでしょう。

サラ　科学以外の目的を達成するのにだって、なんらかの行動が必要だよね。偽な仮定にもとづいていては、きっとその行動は失敗しちゃうよね。真偽の区別はあらゆる目的にとって大事なんだ。

ザック　自信満々にザルな主張を言いますね、サラ。音楽にとって、真偽の区別がなんになるんです？

サラ　作曲家や演奏家たちだって、それぞれ目的をもってるよ。作曲家が厳粛で胸の奥から感動するような曲をつくりたいと思って、自分が書いた楽譜がまさにそんな音を響かせるはずだと考えていたのに実際にはむかつくほどデタラメにすっぽこな音が響き渡るとしたら、自分の目的が達成できないでしょ。現にそうなってるとおりに自分が考えていないわけだから。それに、演奏家にしても、楽譜にある音符を演奏したいと思っているのに読み間違えてしまったら、自分の目的を達成できないよね。現にそうなっているとおりに音符を考えていないんだから。

ザック　そういうすっぽこな音楽や誤読した楽譜の方が好きな人だっているかもしれないじゃないですか。

サラ　そうだとしても、そこは要点じゃないよ。作曲家や演奏家が自分たちの目的を達成し損ねているのに変わりはないんだから。間違った仮定にもとづいて仕事しちゃってるせいで。

意味がちがう？

ザック　宗教における真理はどうなんです？　誰かが、「神はいる」と言ったとしましょう。この言明は、科学的な意味で真や偽ではありませんよね。

サラ　それはだって、「神」って単語に科学的な意味がないもの。

ザック　この発言主にとっては意味があります。

サラ　でも、その意味をあたしたちは理解できるの？

ザック　彼らが言う「神」という単語を尊重して使って、やりとりすればいいんですよ。

ロクサーナ　だったら、こう言えばすみます――「神はいる」という言明において、彼らが言ったことが真なのは、神がいる場合であり、そのときにかぎられる。また、それが偽なのは神がいないときであり、そのときにかぎられる。アリストテレスの原則は、科学的な言明にかぎらず宗教的な言明にも同じようにあてはまりますよ。

ザック　ですが、「神はいるか？」という問いかけに宗教的な人たちが答えるときの方法は、科学者たちが自分たちの〈科学的な〉問いに答えるときの方法とは完全に異なっているのでは？

サラ　宗教的な人たちにとっては、なおさらわるいことになっちゃうね。彼らは、自分たちの問いに答えるとき科学的なアプローチをとるべきだよ。まして、とくに大事な問いならぜひそうするべきだね。

ザック　科学的なアプローチをとろうとしたら、彼らがやっていることはもはや宗教的な言語ゲームではなくなってしまいます。かのルートヴィヒならそう言うでしょうね。

ボブ　ルートヴィヒ誰さん？

ザック　ルートヴィヒ・ウィトゲンシュタインですよ。彼なら、「神は存在するか？」という問いの基底にある文法は「ボース粒子は存在するか？」という問いとはずいぶん異なっていると言うでしょう。

ロクサーナ　言語学者に言わせれば、「神は存在するか？」と「ボース粒子は存在するか？」は同じ文法構造ですよ。統語構造も、意味構造も。

ボブ　俺は文法には強くないけど、ザックが考えてるちがいってのが俺にはわかんないな。それに、俺にも宗教熱心な友達はいるけど、自分らの宗教がただのゲームだって言われて彼らが気に入るとも思えない。

ザック　「ゲーム」や「文法」という単語をウィトゲンシュタインがどう使っているのか、理解してないのではありませんか。

ボブ　そいつはふつうの言語はしゃべれないの？　ザックが言ってることからすると、そいつは「文法」みたいな当たり前の単語を独自の専門ジャーゴンに使ってるっぽいけど。

ザック　ウィトゲンシュタインは、言語学者たちが研究しているのよりももっと深い文法について語ってるんですよ。

ロクサーナ　ザックもあのタイプですね。底が見えないからといって、泥川の方が清く澄んだ川よりも深いと思うタイプ。

ザック　その隠喩の選び方を精神分析してみたいですね。

ロクサーナ　あなたの汚らわしい思考を私に投影しないでいただきたく。
サラ　精神分析なんて、何十年も前に科学的に信用をなくしてるじゃない。
ザック　科学をやろうという意図はありませんよ、精神分析には。無限に開かれた解釈の手法なんですから。
サラ　あるいは、誤解の手法かな。
ロクサーナ　ザックは、無関係な連想をはさんで邪魔をせずに私の話を聞く気があるのでしょうか？
ザック　無関係なのが関係あるのですか？
ロクサーナ　足止め戦術はもうけっこう。ザックはどうやらこう仮定しているようですね――「問いに答えるのに使う手法がちがっていれば、それによって意味することもちがってくる。」ザックは、「真」や「偽」という単語が宗教で意味することと科学で意味することが変わらないのを否定していますね、異なる手法にもとづいて適用されるからという理由で。
ザック　それが意味のちがいというものですよ。
ロクサーナ　いいえ、あなたは意味と検証方法を混同しています。二人の人がいて、ある単語に当てはまる場合を判断するのに使う手法がそれぞれでちがっていたとしても、意味することは同じです。
ボブ　またわかんなくなっちまった。
ロクサーナ　殺人事件の裁判でＤＮＡ検査がはじめて使われたときにも、「殺人犯」という単語の意味が変わったわけではありません。
ザック　それは程度のちがいにすぎません。問いに答える方法が宗教と科学で異なるような、根源的なちがいとは話がちがいますよ。

サラ　同じ問いに答えることだってできるじゃん。宗教的な人も科学者も、神だったらどんな特徴や力がなくちゃいけないかについて同意するかもしれない。ただ、そういう存在がいるかどうかを調べようって段階では根本からちがった方法をとるんだよ。一方は祈りを、他方は実験を使うわけ。

ボブ　祈りも実験の一種じゃないか？――祈りが応えられるかどうかを待つっていう実験じゃないかな。

サラ　そうかもね。だけど、ちゃんと対照群で統制した実験じゃあないよね。そんな実験を発表しようったって、どんな科学誌も受け付けないよ。

ザック　「神はいるか？」という問いが同じだと言うとしても、答えるときの視点によって答えは左右されますよ。科学者の視点から見れば「いない」でも、宗教的な性質の人がとる視点から見れば「いる」のかもしれません。

サラ　この前の駅で止まる前に、もうキミの視点論議は瓦解してたじゃん。

ボブ　ウチの塀みたいな付帯的損害はあんまなかったけどね。

サラ　ザックが意味してるのは、答えは「いない」だと科学者は考える一方で宗教的な人は「いる」と考えるってことでしょ。問題は、どちらの答えが真でどっちの答えが偽なのかってことだよ。これは、たんに神がいるかどうかに左右される。

ザック　いわゆる正しい答えを与える人たちは、いわゆる間違った答えを出す人たちよりもすぐれた人だとみなさないのですか？

サラ　べつに、自動的には。ある問いがあって、それについて誰が正しくて誰が間違っているかって論じるとき、誰が一般的に正しさの美徳があって誰がそうでないのかってことの立場を固めたりせずにすませられるよ。もっとも、実際の場面では、科学的アプローチをとる人たちの方がそうでない人たちよりも問いに真な答えを見つけ出す確率がずっと高いけどね。彼らの方が知的に正直だし、ありとあらゆる証拠に目を向けるし、願望思考にはまりこんだりもしないから。死ぬのがこわいからってだけであの世を信じたりしない。

ザック　それが科学的に描き出した自画像というわけですか？

サラ　まさか、いつだってこういう理想像どおりに生きてるとは言わないよ。言行不一致はある。だけど、こういう理想像を目指すことによって、科学精神の持ち主は理想像を目指そうともしない人たちよりうまくやれる見込みが高い。

ザック　そういう西洋科学への安逸な信仰こそ、視点の相違がでてきたときに西洋社会が自分たちこそ体系的に正しく非西洋社会を体系的に間違っていると考える理由の一部になっているのですよ。そういう態度のせいで、西洋社会は自分たちには非西洋社会を爆撃し侵略する権利がある、自分たちこそ正しいと、西洋基準で想定してしまっているんです。

サラ　あたしは自分のことを体系的に正しいと思ってるし、ボブのことを体系的に間違っていると思ってる。科学に関わる幅広い問題でね。だけど、だからってボブを再教育するためにボブんちを侵略する権利があるなんて思わないけど。

ザック　あなたにボブよりずっと力があって、地元警察がアメリカみたいに有能でなければ、感じ方がちがってきますよ。

サラ　それはフェアじゃないよ。自分とちがう意見に寛容になるのは、たとえ相手があからさまにうすらとんかちだとしても――

ボブ　ありがたきお言葉！

サラ　（キミのことじゃないよ、ボブ）――寛容はあたしの価値観の中心をなしてるんだ。科学にとって、革新的な新理論の登場をゆるすのは枢要なことだから。

ボブ　気を緩めない方がいいぜ、ザック。ロクサーナが論理学の再教育にあ、い、い、あんたの家を侵略しないって保証はないからな。

ロクサーナ　はたしてザックに論理学を再教育できるものかあやしいものですが。

ザック　歓迎しますよ、ロクサーナ。

ロクサーナ　見込みはきわめて薄いと思いますが、かりに再教育可能だとして、あなたの自宅に踏み込みたいとはつゆほども思いません。再教育されたいなら他の方を探すことです。

マチガイ主義（可謬主義）

サラ　さっきの論点に話を戻すよ。「真と偽のちがいを言い張ると教条主義になる」ってザックは考えてるけれど、あたしはこれを全面的に却下する。思い出してね、真理は確実性とはちがうんだ。科学では真と偽のちがいを言い張るけれど、一方で、科学精神は自己批判と反対意見への寛容もうながす。だって、自分らは誰だって過ちをしでかすものだからね。誰かがなにかを断定するときにも、その人は進んで「自分が間違ってるかもしれないけどね」と付け足すものだよ。ふたを開けてみたら、実は反対意見の持ち主の方が正しかったってこともありうるからね。その意味で、あたしは「マチガイ主義者（可謬主義者）」を自称してる。謙虚になって他の人たちに寛容になるようにうながすところが、真と偽の区別のとくに大事なところなんだ。真偽は、あたしたちの誰の考えにも収まらないほど大きなものだから。

ザック　言い換えると、サラはこう言っているわけですか――「魔女なんていない、でも自分はこれについて間違っているかもしれないから、ボブに同意を強制しない。」

サラ　そう。科学は、意見が多様な土壌に咲き誇る。競合する理論はそれぞれに支持者を抱えてる。そこで理論それぞれを適切に験《ため》して、理論ごとに説明がつくものとつかないものを調べ上げるんだ。その過程で、競合する理論のうちでどれがいちばんいいかわかってくる。その最良の理論を受け入れたとしても、まだ「でも自分たちが間違っているかもしれないけどね」と付け加える。だって、まだ誰も考えついていないもっといい理論があるかもしれないから。電子があると考える理論を支持する証拠は圧倒的に豊富だけど、もしかすると、いつかそうした理論にとってかわって、電子ではなくちがうものが存在すると考える理論が登場するかもしれない。

ザック　そのとおりですね。中世には、太陽が地球の周りを回っているのだと人々は知っていました。ところが、いまぼくらはそうじゃないと知っています。電子があるとぼくらは知っていますが、数千年後には、それとちがったことを人々は知っているかもしれません。

ロクサーナ　またしてもお決まりの初歩的な間違いですね。中世人は、太陽が地球の周りを回っていると「知っていた」のではありません。彼らはたんに知っていると「思っていた」だけです。誰かがしかじかを知っているのは、〈しかじかであるとその人が信じていて、かつ〉現にしかじかであるときであり、そのときにかぎられます。太陽は地球の周りを回っていませんし、かつて回っていたこともありません。中世人たちは、太陽が地球の周りを回っていると思っていましたが、彼らは間違っていました。また、太陽が地球の周りを回っているのを自分たちは知っていると思ってもいましたが、その点も間違っていたのです。

サラ　その点は同意するよ、ロクサーナ。宗教は信念を授けるけれど、知識はもたらさない。科学は知識をもたらす。だって、科学は適正に検証されているからね。確実性はもたらさないとしても、知識をもたらしてくれる。

ボブ　俺もロクサーナに同意するよ。魔法に効き目なんてないってサラは信じてるけれど、効き目がないと知ってるわけじゃない。

ロクサーナ　大事なのは、論理的な部分です。真理だけが知識になります。他方、真理も虚偽も、ともに信念になります。

ボブ　それは俺にもわかる。

ザック　そうやってあなたたち絶対主義者のように「真理」という言葉に「知識」を結びつけると、「真理」のありとあらゆる病を「知識」に感染させてしまうんですよ。

ボブ　どんな病？

ザック　ぼくが言っているのは、権力の問題です。権力は、暴力をもちいて、真理と虚偽の区別と自称するものを強要するんです。また、「知識」と「真理」を結びつけることで、権力は暴力をもちいて知識と無知の区別と自称するものを強制するんです。

サラ　あたし、なにを強制するのにも暴力なんて使わないよ！
ザック　あなたが払った税金が、あなたの代わりに軍隊の予算になるんですよ。
サラ　どんな侵略だろうと、支持する投票なんてしてないし。
ザック　たんにあなただけの問題ではありませんよ、サラ。知識は権力です。真理は他の手段で追求された政治なんですよ。
ボブ　知識と権力か、それとも無知と無力かを選ばなきゃいけないとしたら、俺の答えは決まってるな。
サラ　知識にもいい使い方とわるい使い方があるよ。マチガイ主義なら、誰もがなにかで間違いをおかしうるのを受け入れて、最悪の使い方を避けられる見込みは高まる。マチガイ主義では、他人や他文化にもっと寛容になれる。
ザック　すると、真理や知識ですべての文化は同等だということになりますか？
サラ　いいや。それだと馬鹿げてる。もちろん、科学的に発展した文化の方が原始的な文化よりも知識にすぐれている。ザックこそ、すべての文化は権力が同等じゃないと想定してるよね。ザックはどうやら知識と権力が同じことだと考えてるっぽいけど、もしそうだとしたら、文化は知識に関して同等じゃないってことにならない？
ボブ　もしアメリカ大統領が世界最大の権力をもっているとしたら、彼がいちばん知識をもっているってことになるよな？
ザック　ぼくが「知識は権力」と言うときには、二つが同じものだというのよりも、もっと細やかな概念を使ってるんですよ。

ロクサーナ　たんにいっそう混乱した概念でしかありませんね。
ザック　知識は権力をつくり、権力は知識をつくるんです。いいですか、ここは混みいっているんですよ。
ボブ　鶏が卵をうみ、卵が鶏になるってやつだ。
サラ　あのねザック。最初、キミはこう言ってたよね――「相対主義からは寛容が導き出される。」だけど、それはうまくいかなかった。なぜって、キミら相対主義者にとって、寛容みたいな道徳的価値は人それぞれの視点に左右されるから。当人の視点から見ていいことなら、相対主義者も他国を侵略できるんだ。
ザック　ぼくの視点から見て、それは実にひどい考え方ですね。
サラ　だろうね。キミ個人を世界平和にとっての大いなる脅威だなんて非難してるわけじゃないよ。だけど、自分が間違っているかもしれないってことを思い起こさせて踏みとどまらせるのは、マチガイ主義であって相対主義じゃないんだ。マチガイ主義は、誤信にもとづいた行動のリスクを強調する。相対主義だと、そのリスクは無視される。だって、信じてる当人の視点から見て、その信念は偽じゃないんだもの。
ザック　侵略しないというプランの背後にある想定にしても、侵略しようというプランの背後にある想定と同じくらい、間違いでありうるのではありませんか？
サラ　うん。だけど、自分たちが間違いうることを意識すれば、用心深くなりやすいよね。侵略するって選択肢よりも、侵略しないって選択肢の方が用心深いでしょ。
ボブ　1944年の連合軍司令官がマチガイ主義だったら、ノルマンディー上陸作戦の実行を命じたかな？

サラ　マチガイ主義の司令官だったら、利用できる証拠にぜんぶ目を通して、もしかするとさらに証拠を集めさせて、それから上陸作戦実行を命じただろうと思うよ。

ボブ　じゃあ、実際のところ、マチガイ主義をとると他となにがちがうの？

サラ　おそらくだけど、実際に最高司令官だったアイゼンハワーはマチガイ主義者だったんだよ。少なくとも、実践面ではね。そして、マチガイ主義者ならやるはずのことを実際にやったんだ。

ボブ　相対主義者だって、アイゼンハワーの視点をとって同じように行動できたんじゃない？

サラ　でも、意思決定に先立ってもっと証拠を集めようとうながすのは、マチガイ主義であって相対主義じゃないし。マチガイ主義は、自分の失敗に自足してマチガイを正そうとしないってことじゃないよ。証拠がよくなればなるほど、いい意思決定ができるようになるんだよ。

ザック　マチガイ主義がそんなにいいものなら、多くの相対主義者が採用するでしょう。とは言っても、絶対的な真理としてではなくて、自分の視点として、採用するわけですが。そうすると、彼らの視点から見た最良の選択肢はすなわちマチガイ主義の視点から見た最良の選択肢ということになりますよね。マチガイ主義者がやりそうなことをやる結果になりますよ。

ロクサーナ　ザックは自爆スイッチを押していますね。ザックは、相対主義を受け入れた方が絶対主義を受け入れた場合よりも実際上の帰結がいいと言ってこれを擁護していましたが、今度は相対主義を受け入れると絶対主義の一種であるサラのマチガイ主義を受け入れるのと同じ実際上の帰結をもたらせると論じていますね。

ザック　ロクサーナ、どうしてマチガイ主義は絶対主義の一種だと決めつけるんです？　マチガイ主義を相対主義と結びつけて、双方の世界から最良のものを得ればいいじゃありませんか？

ロクサーナ　マチガイ主義では、どんな信念であれ偽かもしれないと考えます。相対主義では、「偽」のような言葉を拒否します。両者をいったいどうやって結びつけるつもりで？

ザック　マチガイ主義の心《ハート》をとることで。

ロクサーナ　頭の方は置きっ放しでね。

サラ　申し出はありがたいけどさ、ザック。でも、キミを心臓外科医として信頼するのはよしておくよ。我が愛しのマチガイ主義が、キミの手術から生還しそうにないんでね。頭と心臓《ハート》を離さないでおく方がよさそうだ。

ザック　ときには、思い切った外科手術でしか患者を救えないことがありますよ。

サラ　マチガイ主義に手術は無用だよ。いまのままで、絶対主義とうまくやっていけるから。

ロクサーナ　マチガイ主義はまちがいうるので？

サラ　もちろん、まちがいうるよ！　だからって、偽だってことにはならない。

第Ⅱ部のふりかえり

「真理」「虚偽」といった用語について回る連想・誤解がここでの主な話題でした。ザックに言わせれば、「真理」「虚偽」といった言葉を使うと、誰かの信念が他の誰かの信念よりも劣っているという優劣・価値判断につながるのでのぞましくないのだそうです。また、真理は確実でないといけないのではないか、といった意見も出てきました。そこに四人目の登場人物ロクサーナが登場して、真偽の定義が議論されました。このポイントをふりかえっておきましょう。

「いま雨が降っているよ」「田中さんは今日病欠ですよ」といった言明が真であるとはどういうことか。これをロクサーナはこう定義しています（定義とは、言葉の意味・使い方の取り決めです）。

言明「雨が降っている」が真であることの定義
「雨が降っている」が真なのは、雨が降っているときであり、そのときにかぎられる。
（「雨が降っている」が真なら雨が降っているし、かつ、雨が降っているなら「雨が降っている」は真である。）

この定義で、雨が降っているかどうかを実際にどう確かめるのかといった手続きはまったく問題になっていないことに注意しましょう。「雨が降っている」と言った当人が、本当にたしかに真実を知っているかどうかも、これには関係ありません。これが次のポイントにつながります。すなわち、真偽と確実性は別物だという話です。

会話のなかで、ザックはこう言って「真理」という言葉を使うことの抵抗感を語ります――疑いなく確実なものでなければ真理とは言えないのだから、真理という単語を使い出せば確実性もほのめかされる。ザックの言う「真理が確実性を含意する」をもっとひらいて言えば、こうなります。

「ある言明が真であるなら、その言明は確実である。」

しかし、会話でロクサーナやサラが言っているように、この関係は成り立っていません。あらためておさらいしておきましょう。まず、いくらかわかりやすくするため、具体的な中身を当てはめてみましょう。

「いま雨が降っている」が真であるなら、「いま雨が降っている」は確実である。
（いま実際に雨が降っているなら、「いま雨が降っている」は確実である。）

これの対偶をとってみます。

「いま雨が降っている」が確実でないならば、「いま雨が降っている」は真でない。
（いま実際に雨は降っていない。）

これは成り立っているでしょうか。たとえば、いまあなたが自宅で家族としゃべっていて、こんな話をしたとしましょう

「あれ、外に干してる洗濯物だいじょうぶかな。雨降ってるかもしれないよ。」
「ほんと？　間違いなく確実に？」
「いや、確実ってことはないよ。」

さきほどの対偶が成り立っているなら、この最後の台詞「確実ってことはないよ」から「いま雨は降っていない」が導かれることになります（確実でないならば、真ではないのですから）。ですが、この結論は馬鹿げていますね。したがって、さきほどの対偶は成り立っていません。よって、これと真偽がひとしいもともとの含意関係も成り立っていません。本文の会話では、乗客たちみんながもっているコインの総数が奇数か偶数か、地球以外の惑星に生命体がいるかどうかといった質問を例に、真偽と確実性が別物だとサラやロクサーナが語っていましたね。

ロクサーナが言う真偽の定義はごく単純ですが、このように議論の見通しがいくらかよくなりました。また、ザックの見解とちがって、「真理」「虚偽」という言葉そのものから信念の優劣が出てくるわけではなく、暗黙の前提から生じていることも、こうして定義を整理してみると見えやすくなっていました。

{ 第III部 }

傲慢の利点

The Advantages of Arrogance

「自分は間違っているかもしれない」と付け足す意味はどれくらいある？

ボブ　気をつけなよ、さっき通ってったあの黒服の女は、魔女かもしんないぜ。俺にはいかにも魔女っぽく見える。次に横を通りかかったときには、髪の毛を引き抜かれないように気をつけないとな。呪いをかけるのに使われちまうから。

サラ　あーもー！　ボブ、そのたわごといいかげんにしてよ。魔女なわけないじゃない。ただお手洗いに席を立っただけじゃん。

ロクサーナ　あなたに言わせると、彼女は魔女かもしれないわけですよね。

サラ　冗談でしょ。そんなトンマを言ってるのはボブで、あたしじゃないし。

ロクサーナ　自分でマチガイ主義者を自称しているじゃありませんか。あなたの考えでは、どんなことでもまちがいかもしれないわけですよね。

サラ　で？

ロクサーナ　ゆえに、あなたの考えでは、あの女性が魔女ではないのはまちがいかもしれないことになりますね。

サラ　原則としてはそのとおりだけど、それってすごくありそうにないよね。

ロクサーナ　ですが、もしも彼女が魔女であるという点であなたがまちがっていた場合には、彼女は魔女であることになりますね。

サラ　でっかい「もしも」だなぁ。

ロクサーナ　ですから、あなたの考えでいけば、彼女が魔女であるという点であなたが間違っているかもしれないのですから、彼女は魔女かもしれないわけです。

サラ　はいはい。彼女は魔女かもしれない、わかったよ。だけど、それってすごくありそうにないことでもあるよね。

ロクサーナ　したがって、彼女が魔女かもしれないことをあなたが否認するのは、あなたの考えに照らして、まちがいです。

サラ　そんなこだわることかな。

ボブ　気をつけろ、戻ってきた。向こうの丘で夕日が沈んでるところに目を向けるんだ。

ロクサーナ　おもしろみのない景色ですね。

ボブ　もう行ったよ。横を通るとき、ザックの座席に手を掛けた仕草、気づいただろ？

ザック　ふつうに、電車がゆれるので手を掛けていたんですよ。

ボブ　ザックが気づかないうちに髪の毛を抜き取れただろうぜ。

ザック　その程度のリスクはかまいませんよ。

ボブ　サラは、あいつが魔女じゃないってまだ否定する？

サラ　するよ。魔女なんかじゃない。おわり。

ボブ　そこまで言い切るリスクをとるんだ？

サラ　うん。さっきも言ったけど、立場をはっきりさせなきゃいけないからね。人生はリスクの連続だよ。間違うリスクをとるのは、正しいことを言うための対価だよ。

ボブ　でも、ロクサーナ相手に認めてたじゃん、あいつは魔女かもしれないって。

サラ　うん。なんか問題ある？　あたしのマチガイ主義ってそういうものだし。

ロクサーナ　ボブがあの女性を魔女だと訴えたら、「彼女は無罪だけれど、無罪ではないかもしれない」とサラは言うことになりますね。

ザック　それはいまいち説得力に欠けませんか。

サラ　でも、それが事実だし。

ボブ　「彼女は無罪かもしれないけれど、彼女はそうじゃないかもしれない」と言うとき、サラは片手で差し出しておいて、もう片手でそれを引っ込めてるよね。

サラ　それは一理ある。確かにおかしく聞こえるよね。文の途中で弱気になってるみたいに聞こえるもんね。たぶん、最初からきっぱりと「彼女は無罪だ」って断定すべきだったんだろうな。

ロクサーナ　問題は、あなたのマチガイ主義全般にあるんですよ。どんなことをきっぱりと断定しようと、それを掘り崩してしまうのですから。

サラ　「彼女が無罪だって見込みはすごく高い」ってきっぱり断定するわけにはいかない？

ロクサーナ　蓋然性についてまちがう余地があることはすでに認めていますよね。

サラ　うん、たしかに。

ロクサーナ　したがって、サラはこう言うしかありません――「彼女が無罪なのはとても見込みが高いけれど、彼女が無罪なのはとても見込みが高いわけではないかもしれない。」

サラ　それもやっぱりおかしく聞こえちゃうなぁ。

ザック　あの女性の弁護人にサラは推薦できそうにありませんね。

サラ　問題は、なにかをきっぱりと断定しておいてそうではないかもしれないって付け足すことにあるわけだ。なんについて断定してようと関係ないんだな。たとえ蓋然性についてであっても同じなんだ。もしかして、単純にきっぱりと断定すべきじゃないのかも。

ロクサーナ　断定すべきでないと断定するので？

サラ　ううん。それだと自家撞着になっちゃう。でしょ？　断定すべきでないとたんに推測する方がいいんだ。

ロクサーナ　サラはコミットメント問題を抱えているんですよ。

ボブ　直球で考えることはまだできる？

サラ　発言と同じで、思考でもやっぱりまちがいの余地はある。どんなことを考えるにせよ、「でもあたしは間違っているかもしれない」とすすんで付け足せるべき。問題は変わらないんだ。きっぱりと断定すべきでないのと同じように、きっぱりと考えるべきでもない。

ボブ　どこかに立場を定めなきゃいけないってサラは言ったよね。いま、サラはどこに立場を定めてんの？

サラ　どこにも——「立場を定める」っていうのが教条的になるって意味ならね。どんなことを発言したり考えたりしようと、あたしはたんに推測してるんだと考えて。

ボブ　まさかサラがそんな優柔不断だとは、これまで思ったことなかったけどなぁ。なにもかも推測だとしたら、いつなにをすべきか決めるのはどうすんの？　いつ電車を降りるか決めるのはどうやるの？

サラ　蓋然性を頼りにするしかないね。

ボブ　つまり、蓋然性についての推測をってこと？

サラ　自分の推測のどれかをアテにしなくちゃいけなくなるね。ひとくちに推測といっても、より自信がある推測とそれほどでもない推測があるわけだから。どの駅で降りるかについては、かなり自信があるよ。

ボブ　かなり自信があるって推測するわけだ。

サラ　かなり自信があるってことにかなり自信があるね。

ロクサーナ　この電車に乗り込んだときには、とくに考えなしに乗ったのですか、それとも、どうすべきか推論しながらでしたか？

サラ　もちろんランダムにこの電車を選んだわけじゃないよ。乗り場は確認したし。あたしの思考過程をもしほんとに分析したなら、きっと、駅のアナウンスについての推測とかをもとにして、この電車に乗るべきだって結論まで推論を進めてたはずだよ。

ロクサーナ　これが正しい電車だという推測に頼ったわけですね。

サラ　もしくは、これが正しい電車なのがとてももっともらしいという推測に、かな。

ロクサーナ　ともあれ、推測を頼りにしたのですね。

ボブ　話の流れが読めないな。

ロクサーナ　辛抱なしに理解できることなどありません。なにかをきっぱりと考えることと、それを推測として意思決定で頼りにするのと、どういうちがいがあるとサラは想定しているのです？

サラ　ちがいは、「あたしは間違っているかもしれない」と付け足すつもりがあるってところ。
ロクサーナ　つまりは、物事をきっぱりと考えつつ、言葉では「間違っているかもしれない」と付け足しているだけです。
サラ　これを付け足すのが大事なんだよ。そうすることで謙虚になれるんだから。
ロクサーナ　実際にやる意思決定は同じですよ。意思決定は自分の推論でおく想定に左右されるのであって、可謬性を認めるかどうかに左右されるわけではないのですから。電車に乗るのは同じ、ただ謙虚そうな物腰をとるだけ。
サラ　自分の想定が正しいか確かめることも多いよ。
ロクサーナ　なにかをきっぱりと考えつつ、安全のためにその正しさを確かめることだってできますよ。サラが実際にやることは、物事をきっぱりと考えないという新たな決意にはそぐわないように見えますね。「でも自分は間違っているかもしれない」と付け加えるのは、たんに、自分の実践的でない原則に背いていることの後ろめたさをごまかしているだけです。きっぱりと断定するのを禁じておきながら、何度も断定していますよね。自分の想定を確かめることも多いとさっききっぱりと断定しましたよ。自分の謙虚さを誇示するのに何度も断定していますし。
サラ　あたしは自分の謙虚さについて間違っているのかも。
ロクサーナ　ローマのとある皇帝が勝利の凱旋で都市の通りを進むとき、奴隷を戦車の後部に立たせて、耳元に自分の道徳律をささやいて思い出させ、謙虚につとめようとしていたそうです。いかほどの効果があったことやら、疑わしいですね。マチガイ主義者は、この奴隷の話のようなものです。私たちにヒトの可謬性を思い起こさせる、ご立派ではあっても代わり映えのしないおおむね無益な助言をささやくのですよ。

サラ　それはフェアじゃないよ。マチガイ主義者の助言は、かなり具体的だもの。どんなことを考えたときでも、それが偽の場合を考えることが物理的にも心理的にも可能でしょ。たしかにこれは電車だといまあたしは考えてるけど、実はそうでないのに電車だと考えることが物理的にも心理的にも可能だよ。

ロクサーナ　よくある無思慮な一般化ですね。実は存在していないのに自分は存在していると考えることがサラには物理的にも心理的にも可能なのですか？

サラ　それは特殊な場合だよ。もちろん、存在してもいないのに考えることなんて物理的にも心理的にも可能とはいかないよ。

ロクサーナ　実は考えていないのに自分は考えると考えることは物理的にも心理的にも可能でしょうか？

サラ　ううん。考えてるなら、あたしは考えてる。それが思考ってものだもの。

ロクサーナ　実は無謬なのに自分はまちがいうると考えることは物理的にも心理的にも可能でしょうか？

サラ　物理的にも心理的にも無謬になれるヒトなんていないよ。ともあれ、無謬な存在は、自分の無謬性について間違いようがない……と思う。

ロクサーナ　サラは、実は5＋7は12ではないのに、5＋7は12だと考えることが物理的にも心理的にも可能ですか？

サラ　ううん。5＋7は12以外のものになれっこない。

ボブ　「＋」を足し算じゃなくって掛け算に使うことだってできるじゃん。

ロクサーナ　当然です。しかし、そうした環境であっても、５＋７が12であって35でないことに変わりはありません。「５＋７」という記号の方は５＋７以外のことを意味するでしょうけども。また問題を混同しないでいただきたく。

ボブ　スミマセン。

サラ　わかった。「考えるときにはいつだって物理的にも心理的にもそれが偽の場合を考えうる」ってところが間違ってたんだ。あたしが思ってたほど、いつでもなんでも間違いうるわけじゃないんだ。でも、それでもあたしはマチガイ主義者だよ。自分のまちがいを認めて、そこから学ぶ――そこは変わらない。さっきの間違った一般化は取り下げる。マチガイ主義は、もっと抽象的な論点を言ってるんだ。つまり、ヒトは物理的にも心理的にも、思考の領域でまちがいをおかしうる。数学でだって、計算間違いをしちゃうことはあるし。

ロクサーナ　ということは、マチガイ主義はたんにヒトの可謬性を思い起こさせる一般的な助言にすぎないわけですね。

ボブ　ときどき、ちゃんと間違いなく計算したつもりだったのに、あとで計算違いだったのがわかることがあるんだ。正しく計算できたとき、どうすれば計算違いをしてないってわかるんだろ？

サラ　ボブはどれくらいのポンコツ計算機なの？　ほんとにひどいポンコツだったら、たぶん、自分が正しく計算してるってこともわからないよ――正しい答えを出すときも、たんに幸運で出てくるだけでさ。

ボブ　そこまでポンコツじゃないよ。たいていは正しくできてるから。

ザック　記憶が欺かれているという可能性は？

ボブ　自分で思ってる以上のポンコツなのかもな、俺。

ロクサーナ　完璧な記憶力をそなえた完璧な超人的計算手だろうと、「自分はひどい記憶力しかなくって、自分を完璧な記憶力をもった完璧な計算手だと思い込んでるポンコツ計算手かもしれない」と言うことはできますよ。だからといって、５＋７が12だと知らないことになりますか？

サラ　だんだんおバカな話になってきてないかな。知識が不可能じゃないかぎり、すぐれた計算手なら、５＋７は12だって知ってるにちがいない。マチガイ主義の要点は、あたしらみたいな生き物が実際に達成できるような知ることの基準を設定することにあるんだ。ヒトの知識を可能にすることを意図してるんだよ。あらゆる知識を除外するような基準を設定すれば、その目的をダメにしちゃう。適切に計算すれば、５＋７は12だってわかる。たとえ、気まぐれな疑いで自分を責め立てることができたとしても、それは変わらないよ。

ザック　SMに目覚めでもしましたか。責め立てられる喜びを得る一方で、責め立てる喜びも得るという。

サラ　ザック、うっさい。

ロクサーナ　サラは、しぶしぶながらも、自分が５＋７は12だと知っているのを認めるわけですね。

サラ　うん。正常な人間の基準で、あたしは正確に計算できる。あたしは、５＋７が12なのを知ってる。

ロクサーナ　それでも、「５＋７＝12なのはまちがいかもしれない」と付け足しますか？

サラ　たぶん、そうしちゃいけないんだろうね。もしも、５＋７が12だってことであたしが間違っているとすると、あたしは5＋7が12なのを知らないことになる。でも、あたしはこれをちゃんと知ってる。あんまり安易に「自分は間違っているかもしれない」と言って値引いちゃいけないんだ。「自分は知っている」をむずかしくしすぎるのと、「自分は間違っているかもしれない」をかんたんにしすぎるのは、コインの両面なんだね。けっして達しようがない「知っている」の基準を設定しても意味がないし、いつでも達してしまう「まちがっているかもしれない」の基準を設定してもやっぱり意味がない。ぜったいに合格できないテストをつくっても、落第しようがないテストをつくっても、しょうがないわけだ。

ザック　ぼくが教わった教師のなかでもとびきりすごかった人は、受講生全員にAをくれましたけどね。

サラ　人気者になりたかったからでしょ。

ザック　人気の先生ではありましたね、ただし、あの目が覚めるような唯一無二の偶像破壊的な講義ゆえの人気ですが。

サラ　なんかむかつくな。その人はどれくらい「私はまちがっているかもしれません」って言った？

ザック　彼はそういう語彙を使いませんでしたね。ただ、あれほど心が開かれた人物は他に会ったことがありません。

サラ　ふーん。あたしはこういう語彙を使うけど、なんでもかんでも無差別にってわけじゃない。「5＋7＝12と言いましたが私はまちがっているかもしれません」なんて言わないもの。

ロクサーナ　ようやくサラも独善的に知的謙虚ぶりを見せびらかすのをあきらめましたか。

サラ　まあ、ロクサーナのことを知的謙虚ぶりで非難する人はいないだろうね。

ロクサーナ　私は独善を非難したのであって、謙虚さを非難したのではありません。

ボブ　で、サラの結論はどうなるの？

サラ　知識を得るのに完璧人間になる必要はないんだよ。ふつうの人がもってる知覚や推論の能力を、通常の環境で適切に使えばいいんだ。知識をもっていることを恥じ入るべきじゃない。でも、自分たちが人間にすぎないことも忘れるべきじゃない。

ザック　人間的な、あまりにも人間的な。

サラ　人間の知識を、人間の基準で判断する。科学は、その基準をたっぷりと提供してくれてる。科学は、人間の五感を使って世界を観察することで得た知識に立脚してる。

なにかを知っていると言える条件

ザック　では、世界を観察することで、いまサラはどんなことがわかります？

サラ　ここにいる四人とも、太陽が照ってることを知ってる。見ればわかるよね。

ザック　ぼくらが幻覚を見ているのではないと証明できますか？

ボブ　サラはザックになんも証明しなくていいよ。

ザック　ぼくに対してだけではありませんよ。なにかを知っていると主張するとき、その当人が他者に説明責任をもたないとしたら、その人は権威主義的にふるまっているんですよ。説明を要求する機会を与えずに自分の知識主張を受け入れてもらおうというわけにはいきません。誰、でも、「その主張をぼくに受け入れさせたいなら、ぼくに証明してみせてくれ」と言うのはゆるされているんです。サラがそういう風にやるつもりでないなら、知っていると主張してまわるべきじゃありませんね。

サラ　そのつもりはあるよ。科学者として、今回はザックに同意する。

ザック　シャンパンを開けましょうか！

サラ　おちゃらけないでよ。あたしとザックに意見の相違がたくさんあるのに変わりはないよ。ただ、権威にもとづいて言明を受け入れるのは反科学的だもの。科学では、あらゆる言明を挑戦に対して開いておくことで、人間の誤りやすさを補ってるんだ。

ロクサーナ　その言明に挑戦させていただきましょう。

サラ　キミが科学についてなにを知ってるの？

ザック　その言い方は権威に訴えている感じが否めませんよ、サラ。

サラ　あたしはたんにロクサーナに質問しただけだけど。

ボブ　例の黒服女がまた通りすぎたの、見た？

サラ　トイレに行っただけだって。

ボブ　そう、この前から大して間を開けずにだぜ。なにやってるんだろな？　よからぬことだろうぜ。

サラ　女子には女子の都合ってもんがあんの。

ロクサーナ　女子という年齢ではないでしょう。

ボブ　ハンドバッグになにを入れてるんだろ、あいつ。薬品かな？　俺の直観がアイツは魔女だってささやいてるよ。

サラ　彼女は魔女じゃないってみんなわかってるじゃん。まあ、ボブはちがうけど。でも、それもボブの異常思考にすぎないし。

ボブ　誰が異常者だって。

サラ　そこまでは言ってないよ。思っただけで。でも、ボブがどんだけ奇抜な見解をもっているにしても、キミだって彼女が魔女じゃないってわかってるはずだけど。

ザック　彼女が魔女ではないとボブに証明できますか？

サラ　ボブの考えを変えられる人なんているかな。ボブ、彼女が戻ってきたときに、魔女かどうかをテストできる方法はなにかある？

ボブ　そいつは危険すぎる。魔女と関わりなんかもっちゃダメだって。

サラ　あたしはよろこんでそのリスクを引き受けるよ。もしほんとに彼女が魔女だったとして、彼女のハンドバッグをのぞかせてくださいって頼んだら、そのとき彼女はどうすると思う？

ボブ　のぞかせないだろうよ。それから、あとでサラに呪いをかけるだろうね。

ロクサーナ　私だって、サラにハンドバッグをのぞかれたくはありませんが、魔女ではありませんよ。

ボブ　言葉ではなんとでも言えるさ。

サラ　彼女、来たよ。

ザック　ハンドバッグにすごく私事に関わるものが入ってるかもしれませんよ。

ボブ　やめろよサラ。あぶなすぎる。

サラ　失礼、ものすごくぶしつけなお願いなのですが、よろしければハンドバッグのなかを見せていただいてもいいでしょうか？　ちょっとした賭けをしていまして……。ありがとうございます。……私の勝ちのようです。

ザック　なにがありました？

サラ　立派な化粧道具。

ボブ　彼女、なんにも言わなかったな。やっぱりあやしいよ。そっちを見たときの表情、みた？サラにどんなことを仕掛けたものやらわかったもんじゃない。気分わるくないか？

サラ　上々だよ。さあ、キミもいよいよ認めないとね。彼女は魔女なんかじゃない。ボブは言ったよね、もしも彼女が魔女で、あたしがバッグの中身を見せてほしいって言ったら、ぜったいに拒絶するって。で、あのとおり、お願いしてみたらちゃんと見せてくれたよね。ってことは、ボブじしんのテストにより、彼女は魔女じゃないわけだ。

ボブ　見せてくれって頼まれたときに魔女がとる行動について、俺がまちがってたのかもしれないよ。

サラ　へえ、ボブがそこを間違うんだ？　ともあれ、バッグに入ってたのは、まるっきり無害なものばかりだったよ。

ボブ　無害なように見えたんだよ、きっと。巧みな魔女なら、持ち物をごくありきたりの化粧品に見せかけることだってできるだろうさ。サラは、俺が思ってた以上にまずいことになってるかもしれんよ。利己的な言い方をさせてもらうと、サラと一蓮托生じゃなくってよかったと思ってるよ。

サラ　ボブの考えを変えるのは無理ってあたしが言った意味、わかってくれたかな、ザック。

ザック　たしかにボブはガチガチに自分の視点に固執するつもりらしいですね。サラにはボブのまちがいを証明できませんね。

サラ　妥当な基準に照らして、ボブが間違っていて彼女は魔女じゃないってことを、あたしは知ってる。それに変わりはないよ。それに、ボブじしんの基準に照らしてその点を証明すらしてみせた。もっとも、ゴールが決まった瞬間にボブがゴールポストを動かしちゃったけどね。ボブを説得できなかったからって、あたしが知らないってことにはならない。たんに、ボブが強情だってだけで。

ボブ　妥当な基準に照らして、俺は彼女が魔女だって知ってる。あそこにあいつが立ってたときに、ひしひしと感じとれたんだ。

サラ　ボブ、なにかを知ってるってのは、たんにキミが個人的に感じるのとはちがうよ。なにかを知ってるっていうのは、他人が確かめられる基準で証明できるってことなんだ。それが科学的な方法ってやつだよ。

ボブ　俺だってその他人の一人じゃねえの？　魔女がとる行動について俺が間違った考えに基づいていたからサラの証明はうまくいかなかったんだって言っても、サラは俺の訂正を受け入れようとしないじゃん。それのどこが科学的なんだよ？

サラ　確認は、有能な審判が実行しなきゃいけない。その辺をぶらぶらしてるたんなるおじさんじゃなくってね。

ボブ　で、俺がそのたんなるおっさんってわけだ。

サラ　ボブ個人の問題じゃないよ。ただ、科学的な結果をみんなの満場一致で確証できるんだとしたら、たった一人の偏執狂の反対でも科学の進歩を止められるようになっちゃう。

ザック　誰が有能な審判で誰が偏執狂なのかを、誰が判断するんです？

サラ　科学コミュニティそのものが。

ザック　つまり、すでに有能な審判と認められている人々が判断するわけですか？

サラ　そう、実際問題としてそうなるね。有能な人でないと有能な人はわからないから。

ザック　サラ、ようするにあなたが言ってるのはこういうことになりますね――科学コミュニティは、みずからを存続させ続けているエリート層だって。エリートならぬぼくたちは、彼らの権威をたんに受け入れるしかない。科学コミュニティの人々は、お互いに自分の科学的言明を正当化しなくてはならないけれども、部外者であるぼくらに対して正当化しなくてかまわない。これって、かなり権威主義的な仕組みじゃありませんかね？

サラ　科学コミュニティは閉じられちゃいないよ。誰だって参加できる。科学教育を受けて試験に通って、能力を証明すればね。

ザック　その証明とやらは、すでにそのコ、ミ、ュ、ニ、テ、ィ、に、い、る、人、々、に、対、し、てするわけですよね。サラ、あなたがボブに言った言葉によれば、自分の知識主張は成り立っているけれどもボブの知識主張は成り立っていない、その理由は、自分は科学クラブの一員でボブはそうではないからだそうですね。サラの知識主張とは、つまるところ、むきだしの裸の権力を隠すイチジクの葉なのではありませんか？

ボブ　向こうにいる犬を見てみなよ。しっぽを振ってる。もうすぐエサがもらえるって知ってるんだ。

ロクサーナ　例によって、ボブの注意がお留守になっているようで。
サラ　いま犬についてボブが言った知識主張だって、裸の権力を隠すイチジクの葉なんじゃない？
ザック　おわかりいただけましたか。
ボブ　裸の権力って、誰のさ？　犬の？
ザック　いいえ、あなたの権力ですよ、ボブ。犬が知っていることは人間が決めるのです。犬には、それに口出ししようがありませんからね
ボブ　俺の服装が気にくわねえのはいいけど、裸よばわりはしないでくれよ。
ザック　ボブの着こなしは好きですよ。ただ、服をまとわぬ者がなにを知っていてなにを知らないかを決めるのは服をまとった者だって話です。ちょうど、科学者でない者が知っていることを決めるのは科学者なのと同じように。
ロクサーナ　「裸の権力」がようやく服をまとったようで。
ボブ　俺んちにもイチジクの木があるよ。あんな葉っぱを一枚つけたところで、ぬくもりなんか感じねえし。なんの身だしなみにもならねえだろうさ。
サラ　ともあれ、あたしたち人間が、動物が知っていることを決めるのかもしれない。でも、その判断だって間違うかもしれない。ほら、さっきの犬は、エサをもらえると知ってはいなかったんだよ。ボウルから水を飲んでる。あの子が知ってたのは、もうすぐ水がもらえるってことだったんだ。
ザック　それだって、人間の判断を人間が訂正しているんですよ。
ボブ　ボウルに水が入ってるのを知ってるよ。目で見えるし、舌で味わえる。

ロクサーナ　ボウルに水が入っているのをあの犬は有能な審判に証明できますか？
サラ　誰に対してだろうと、犬には自分の信念の正当化なんてできないよ。期待する方が馬鹿げてる。でも、犬が物事をあれこれ知っていることに変わりはないよ。五感を使って知ってるんだ
ボブ　犬が証明なしに物事を知っているんだとしたら、人間だって証明なしでいけるんじゃね？
ザック　ぼくらは話せますが、犬たちは話せませんよ。
サラ　あることを知っていると誰か人間が主張するとき、あたしは証明を要求できる。その人が証明できなければ、その知識主張をあたしは却下する。人間は、証明の要求に応えられると期待できる。だって、その要求を理解できるんだから。犬はちがう。だから、要求に応えられると期待するわけにいかない。
ボブ　つまりこういうことかな――俺らは言葉を話せるけど犬は話せないから、犬よりも俺らの方が知るのがむずかしい。俺らは質問に答えられないといけないけれど、犬はそんなことない。言語があった方が物事を知るのがむずかしくなるってわけだけど、むしろ言語のおかげでかんたんになりそうなもんだけどなぁ。
サラ　言語がなければ、科学的知識もないよ。人間にはそれがあって、犬にはない。
ボブ　人も犬も持ち合わせてる知識を考えてみればいい。俺らも犬も、ボウルに水が入ってるのは知ってる。
サラ　もうないけどね。ぜんぶ飲み干しちゃったみたい。
ボブ　はいはい、じゃあ、ボウルに水が入っていいたのを俺らは知ってる。これでいいだろ。犬はそ

のことを誰にも証明しなくていい。たんに知ってるだけだ。だけど、サラに言わせると、俺はたんに知ってるわけにいかないんだよな。「有能な審判」が質問してくるのに対して、俺はそのことを証明しなくちゃいけないって。

サラ　どうやってわかるのか聞かれたら、いつだって「そう記憶してる」って言えばいいんだよ。

ザック　それだけじゃ足りませんよ、サラ。記憶ちがいをしていないってどうしてわかるのかと聞かれたらどうするんです。

ボブ　俺がちゃんと覚えてるって以外に、いったいどう言えばいいんだ？　ザック、あんたみたいなやつなら、うまくパッとでっちあげられるだろ。

ザック　おっしゃるとおりですとも。ぼくはしたたかで物静かなタイプではないものでね。

ボブ　うちの近所に住んでる男はさ、言葉は話せるけどあんまり頭が回る手合いじゃないんだ。もしもザックがあいつに「犬のボウルに水が入っているってどうやってわかるんです？」なんて聞いても、きっと絶句しちまうね。「そう記憶してるんで」と言うことすら思いつかないだろう。だけど、あいつはちゃんと記憶してる。正当化はできなくても、知ってることに変わりはないんだ。これはフェアじゃないだろ。理屈をこねて、自分には都合がよくて他の俺らを大勢締め出すような基準をつくる才能に恵まれてる知識人の方にかたよってる。

サラ　わかったよ。でも、あの子の知識が科学の一部だなんて言わないでよ。知識に証明が必要じゃないとしても、科学はそれより高い基準を設定してるんだから。

ボブ　サラが自分で言ったんじゃないか、科学は観察にもとづいているんだって。科学者は自分の五感で得た知識にもとづいてるんだろ。そこは動物も同じだよ。

サラ　観察っていっても、現代では顕微鏡だとか望遠鏡だとか計測機器だとかを使ってるのが多いんだ。しかも、計測機器がだした結果はそのまま直通でコンピュータに入力されて、間に人間の手ははいらない。なにか実験結果がでても、その追試は他の実験室がやる。いろんな実験の結果を比較して、統計的な検証にかけられる。たんに窓の外を見て、見えるままを言うのとはちがうんだ。

ボブ　人間の技官が機械の面倒を見てちゃんと機能するようにしてるのを忘れないでほしいね。技官たちはやっぱり自分の目と耳を頼りにしてるじゃん。

サラ　だけど、プロセス全体は、動物の知覚そのものよりもずっと信頼性が高いよね。

ボブ　かもね。だけどさ、科学雑誌でなにか知るときは、目を頼りにして読むんだろうし、執筆した科学者を信頼して読むわけだろ。インチキじゃないって誰が保証してくれる？

サラ　論文は、有能な査読者や他の科学者たちが確認してるだろうし、学術誌の編集者が適切に選別してあるはずだよ（「雑誌《マガジン》」じゃなくて「学術誌《ジャーナル》」ね）。

ザック　編集者が、怠け者の査読者やバイアスのかかった査読者を選んだり、論文がチェックを受けているかのように偽ることはありえないんですか？　彼らも人間じゃないですか。

サラ　もちろん。間違いやインチキは起こるよ。でも、長期的には、いずれ明るみに出て訂正されるもの。

ボブ　サラはそう言うだろうけど、俺はそんなのを「証明」とは言わないな。科学「ジャーナル」でなにを読んでも、その次の号では訂正されてるかもしれないんだろ。かりに虚偽だったとしても、それがいつか確実に訂正されるってわけじゃないし。

サラ　この世界でそこまでの保証は期待できないでしょ。

ボブ　洗濯機なら保証は確実だけどね。なんで科学ジャーナルじゃそうはいかないわけ？

サラ　保証っていってもそういう保証じゃないよ。わかってるでしょ。洗濯機に保証がついてたって、誤動作をなくせるわけじゃない。できるのは信頼性を高めることであって、絶対確実に正常動作させることはできない。ここでもマチガイ主義の登場だね。

ザック　サラ、つまり、あなたの言う科学的な視点を信じて鵜呑みにしろというのですか？

サラ　そうじゃないよ。宗教じゃあるまいし。うまくいかないこともあるけれど、科学は世界の知識をつくりだすのにあたしたちが持ち合わせてる最良の手段にはちがいない。信仰の跳躍とはまるっきり別物だよ。信仰の場合には、それが真だっていうなんの証拠もなしにいきなり飛躍するわけでしょ。さっき意見を一致させたよね、なにかを知ってるからって、偏執狂めいた疑いを沈黙させられるわけじゃないって。

ザック　では、自分と対立する意見の持ち主を精神疾患だとでも診断しているのですか？　まるで、ソ連で異分子を処理したやり口みたいではありませんか。

ボブ　俺がイカレポンチだっての？

サラ　ちがうちがう。ザックは皮肉ってるだけだから。

真理や虚偽や合理性は抑圧になる？

ザック　人格に欠陥があるのはぼく、ですよね。サラ？　知識と権力がわかちがたいという点についてぼくが言っている議論をまじめに受け止めずに、サラは自分の見解を受け入れない相手を軽んじてすませているんですよ。いまサラが見せているのは、科学の権威にたてついた人間にいかにもやりそうな対応ですよ。精神病扱いっていう。

ボブ　それはちょっと誇張がすぎないかな。俺はいままで魔法を信じてるかどで訴えられたこともないし、精神病院に閉じ込められたこともない。ただ、このご時世じゃあちょっと変わり者に見られるってだけでね。

ザック　失礼ながら、ボブ、あなたはそこまで重要人物じゃないんですよ。科学の既存権威にとって、それほど脅威じゃないんです。でも、脅威をおぼえたときに彼らがとる手段は、ほの見えてきましたね。

サラ　そういうからかいの方がもっと有効なんじゃない？　科学に対立する人たちのことを「トンデモさん」だって皮肉って、お馬鹿そうに見せかけた方がよくない？

ザック　ええ、サラの言うとおり、皮肉は保守主義の強力な道具ですよ。ジョークは、未検討の想定で成り立つんです。笑いは、思考の代替品です。

サラ　あたしの経験だと、皮肉はたいてい野党じゃなくって政権側を攻撃するものって相場が決まってるけどね。馬鹿なダメ支配者をコケにしなかったら、もっとつけあがっちゃうし。連中の大仰な修辞を聞かされたって笑いなんかおきない。ユーモアのセンスは、専制に対する解毒剤だよ。

ザック　民衆がすでにもっている価値観の役に立つことにあからさまに失敗すれば政府は崩壊しますよ。ぼくが気にしているのは、そうした価値そのものの権威なんです。そこにこそ、隠れた権力があるんです。この隠れた権力は、人々が滑稽に感じない価値に属してる。民衆は時代錯誤な裁判官たちのことは笑い者にするでしょうが、正義を笑い者にはしませんよ。

ロクサーナ　さまざまな真実は笑っても、真であるということは笑わない。

サラ　実践での合理性は笑っても、原則としての合理性は笑わない。

ボブ　そういう価値をみんなが笑い者にしないのはどうしてかって、そりゃおかしくないからにきまってらぁな。

ザック　ちがいますね、みんなが笑わないからおかしくないんですよ。

サラ　狂気の独裁者なら、真理や正義を笑うかもしれないし、ひょっとして、合理性すら笑うかもしれない。

ボブ　もし笑うとしたら、そいつが間違ってる。

ザック　誰の視点から見て間違っているんですか、ボブ？

ボブ　まっとうな人間みんなの視点から見てだよ。

ザック　誰がまともで誰がそうでないかを、誰が決めるんです？

ボブ　まあ、俺がまっとうだろうとそうでなかろうと、俺は正義や合理性を笑ったりなんかしないけどな。

サラ　あたしも。

ロクサーナ　同じく。正義や論理の欠如なら経験しましたが。

ザック　いいでしょう、みなさんそろって、真理だの正義だの合理性だのの保守的な価値の名のもとにぼくを黙らせればいいでしょう。みなさんにはその権力がある。三対一でみなさんが多数派ですからね。きっと、ロクサーナは論理を滑稽に思わないでしょうし、サラにしても、科学を滑稽に思わないでしょう。

ボブ　魔法だって笑い話じゃねえよ。

ロクサーナ　論理の証明には、たまに愉快なものもありますけどね。

ザック　あなた以外のぼくらにとってはちがうんですよ。今度は、ぼくが多数派入りですね。

ロクサーナ　負けはあなたの方ですけどね。あなたは知識と権力について語りますが、その自分のおしゃべりには、どういう政治的な意味合いをあなたは帰するんでしょうね。冗談を言っているのではありませんよ。

ザック　解放ですよ、ロクサーナ。それがすべてです。あなたが侮蔑して「おしゃべり」と呼ぶものは、ぼくらが選んだこともなければ感じたこともない不可視の構造が押しつける価値の静かな支配からぼくらを解放する助けになってくれるんです。隠れた思考管理に注意を促してくれるおかげで、これに対して立ち上がれるんですよ。

サラ　なんの名において？

ボブ　俺らを解放して、なにをさせてくれるっての？

ザック　なんでも、ご自分の好きなことを。

サラ　自分が好きなものって、自分が価値をおいてるものに左右されるんじゃないの？　ザックがあたしらを旧来の価値から解放してくれたあと、どういう価値をあたしらはもつわけ？

ザック　なんでも、自分が選んだ価値を、ですよ。

サラ　価値を持ち合わせてない人がいったいどうやってあれこれの価値から選ぶの？　当てずっぽ

う？

ザック　サラ、ぼくが言っているのは、なにも道徳的な価値にかぎりませんよ。ぼくが言っているのは、思考のスタイル、生活形式、世界観の全体なんですから。

サラ　なおさらひどくなっちゃってるじゃん。どんな思考方法も持ち合わせてない人が、どうやってあれこれの思考方法から選び取るの？——なにも考えず頭空っぽにして？　当てずっぽうに考えるにしたって、それもやっぱり思考方法には変わりないよね（すごくダメな思考方法だけど）。

ボブ　なんの思考方法もないってんなら、そりゃ脳なしゾンビだ。

サラ　あのさザック、合理的な論証を支えてる隠れた想定に対するキミの批判がもつ効果について考えてみたことある？　キミの話が実際にやってるのって、合理的な論証の権威を損なうことだよ。

ザック　なにをそんなにおそれることがあります？　あなたは大人の女性で、自分がやることを父親に言ってもらわないといけない子供ではないでしょう？　まして、あなたが言う「合理的な論証」という〈ビッグ・ダディ〉は必要ないはずでは？

サラ　父親がどうとかはほっといて。あたしだって、ダメなガキみたいなマネをしてるってザックを非難しようと思えばかんたんにできるからね。過保護な親に甘やかされて育ったせいで、なにをやっても大目に見てもらえると思って、来客にみっともないことをしでかすバカ息子だって言ってもいいんだよ。いまの問題は、ザックが合理的な論証の土台を掘り崩してるってこと。ザックの言うように人々が解放されてなにができるようになるかって言ったら、合理的に正当化する必要もなく、ただ心に深く根付いてる偏見のままにふるまえるようになるってことなんだ。そうなったときに人々がやりだすのが、ザックにとって政治的に受け入れられることだと決めてかからない方がいいよ。もし人々が解放されて選択するのが不正義と残虐行為だったら、ザックの気に入る結果にはならないかもしれないでしょ。壁の前に並んで立たされて射殺される最初の餌食になるかもしれないよ。

ザック　どんな革命思想家も、その危険性には耐えるしかありませんよ。

ボブ　まだ幼かった頃だけど、コミューンで二年ほど生活したことあるよ、俺。

サラ　男性ばかりの？

ボブ　まあ、大半は。いじめだね。誰も、殴ったりはしないんだ。そんで、とにかく尊大で弁が立つ。早口でさ。

サラ　物事を決めるときはどうやってたの？

ボブ　果てしない会議、会議の連続だよ。「自由で開かれた議論」ってやつ。連中が望んでることに逆らった発言なんかしたら、言葉で地べたに叩きのめされちまうんだ。「俺ってバカなんだ」って気分を味わわせられる。公式にはみんな平等ってことになってるけど、誰だって頂点に君臨してるのが誰なのかわかる。誰だろうと気に入った相手はオトして寝ちまうんだ、あいつらは。相手が抵抗したら、お前は反動的な偏見にとらわれているとかなんとか言って、そこから解放してやろうとか言うんだよ。ときどき、連中のやりようが俺にはレイプに思えたけどね。なにか反論でも試みようものなら、お前は自分の視点の方が他人より優越してると決めてかかってるとかで、逆にこっちが非難される始末だ。しまいには、俺も解放なんぞされるのにうんざりして、出ていったよ。ザックの考えは、あいつらを彷彿とさせるよ。
ザック　それはあんまりフェアな言い様ではありませんね。
ロクサーナ　ザックが公正の価値を持ち出してらっしゃる。
ザック　ボブこそ公正に価値をおいてるんだと思いますけどね。
ボブ　そうとも。俺がフェアじゃないって、どういう意味？
ザック　まず、そもそも、ぼくは誰かレイプしようなんて夢にも思いません。
ロクサーナ　眠っているときの思考より起きているときの思考の方がしまりがないとは無様なことで。
ザック　ぼくは心から女性に敬意を払ってますよ、ロクサーナ！　フェミニストの友人の一人なんて、ぼくのことを、「いままで出会ったなかでいちばんラディカルなフェミニストだ」って言ってましたよ。
ボブ　べつにザックのことをレイプ野郎って言ってるんじゃないよ。あんたの話しぶりを聞いてるとあいつらの話しぶりを思い出すって言ってるだけ、そんだけだよ。
ザック　その人たちの理論的な視点はどういうものだったんです？
ボブ　いっつも議論してたよ。理論がどうの、政治がどうの、ヘゲモニーがどうの、解放がどうの、そんなんばっかし。俺にはどうにもちんぷんかんぷんだったけど。
サラ　聞いた感じだと、理論上はアナーキズムで、実践編では集団の専制っぽいね。
ザック　ぼくはアナーキストじゃありませんよ。ぼくの政治的な立場はまったくちがいます。もっと複雑で、多層的です。ともあれ、その人たちがどんな政治的立場を実践するつもりだと主張していたにせよ、ボブ、あなたのコミューンで起きたことで判断はできませんね。いわゆる

サラ　経験をもって理論の検証というわけにはいきません。あまりに素朴すぎる考え方ですよ。

ザック　それって、理論を判断する科学的な方法だけどね。予測を経験の検証にかけるっていう方法。忘れないでくださいよ、サラ。実際には気にも掛けていない政治的原則を実践しているフリをしてる場合もありますからね。自分に都合のいい行動を、いかにも正当なように見せかける連中だっているんです。あるいは、自分の理論的な視点から論理的にどんなことが導き出されるか誤解している場合だってあるでしょうし。それに、人々が理論的な介入に敵意を抱いているために実験が失敗することだってあるかもしれませんよ。

サラ　経験で政治的な理論を判断できないとしたら、それよりいい検証方法がなにかあるの？

ザック　理論そのものを厳密に分析できますよ。理論内部に矛盾がないか検討したり、解放につながる帰結があるかどうかを調べてみたり。合理性という「真の」基準を外から押しつけるのではなくって、理論を内部から明確にしていくんです。

サラ　そりゃ結構だけど、精密にしていって、そのあと、その理論が言ってることが真かどうかをどうやって判断するの？

ザック　またそれですか、サラ！　ぼく自身にしても、ぼくの同類にしても、主としてものごとを可能にする役回りをしているんだと考えているんですよ。つまり、自分たちの環境や想定を分析する知的なツールを提供してると考えているんです。そうしたツールでなにをするのかは、受け取った人たちしだいです。

ボブ　わかったわかった。ザックは、みんなに爆弾を手渡すわけだ。そんで、爆弾をなにに投げつけるかは相手しだいってことだな。

ロクサーナ　ありがたいことに、爆弾の大半は不発ですけども。
ザック　時限式なんですよ。遅かれ早かれ、いつか炸裂するんです。
ロクサーナ　製造業者の言い訳ですね。
ザック　この種の理論化がどれほどの爆発力をもっているか、理解していないだけでしょう。テレビのニュース番組で流されているようなことの大半よりも、はるかに今日の政治に関連が強いんですよ。それ以上に、明日の政治にとってはなおのこと意義があります。
ロクサーナ　政治的な意義を主張しだすのは、政治的な意義の乏しさの兆候ですよ。
ザック　あなたが考えているのは、現在の政治構造なのでしょう——次の選挙で誰がどれだけ票と議席をとるのか、みたいな。知的な革命にはもっと時間がかかりますが、長期的にははるかにラディカルなんですよ。
サラ　科学的な視点から見ると、政治の世界では、合理的な論証も証拠の使用も、あまりに乏しすぎるね。たくさんありすぎるどころじゃなくって。ザックは合理的な基準を尊重しないように言うけれど、それでつくりだされる混乱は、政治家が隠れ蓑にする格好の煙幕だよね。そうやってまともな検討を逃れられる。ザックにはそんなつもりがないのはよくわかってるけどね。だけど、たとえば政治家を虚偽だと非難したとして、そいつが「いや、『虚偽』などというのは危険な言葉ですぞ」なんて言ったら、世間の笑いものになるべきだよ。そんな言い分にみんなが「なるほどごもっともでござる」なんて頷いてたら、困っちゃうよ。
ザック　表立って相対主義をかかげる政府の国なら喜んで暮らしたいですけどね、ぼくは。絶対主義の国は、そんな大した実績は残さないでしょう。

サラ　さっきザックは、相対主義者のなかにはマチガイ主義者とそっくりにふるまう人たちもいるって認めてなかったっけ？

ザック　ええ、認めましたよ。他の相対主義者の代弁はできませんが、ぼく、、が好むような相対主義の政府なら、多様な文化や多様な視点に対してもっと寛容でしょうね。

サラ　ちょうどマチガイ主義者が寛容なように、ってわけね。他人が間違っていると責め立てるときには、その前に、自分が正しいと確信してなきゃいけないよね。

ボブ　世間には、楽しみのために他人を責め立てる連中もいるんだ。そういうやつは、確かなことがわかるまで待ったりしない。

ロクサーナ　ザックの政府は、「真」「偽」みたいな単語を公共で使うのを抑制するのですか？　学校で使うのをゆるします？

ザック　あなたが言う「ザックの政府」があったとして、その政府は問いかけこそしても、これが答えだと指図はしませんよ。

ロクサーナ　問いかけるのでは統治になりませんよ。あなたは統治がきらいで、ただ批判していたいのでしょう。

ザック　批判のなにがいけませんか？

ロクサーナ　自分の好きなように批判して結構ですが、他人が「ああしよう」「こうしよう」と意思決定するのに面食らっては困りますね。

サラ　科学では理論を批判するのは必要不可欠だけど、批判するにはそもそも理論構築が同じくらい欠かせない。

ボブ　あとでぶっこわすのに、なんで理論構築なんかすんの？

サラ　ぜんぶがポシャるわけじゃないから。なかには正しい理論も残るんだ。血液循環の理論は事実だよね。理論どおりに血液は循環してる。それに、まちがってる理論だって、なかには、事実に十分近くて、近似として使い物になるやつもあるんだ。たしかにアインシュタインの手でニュートン物理学は反証されたけれど、いまだって宇宙ロケットの設計に使われてる。

ザック　科学理論は、訴追と同じくらい弁護もうける。さもないと、公正な裁きを受けないままで有罪判決を下すことになっちゃうからね。なかには無罪の理論だってあるのに。

サラ　英語の「無罪《イノセント》」には「素朴」という意味もありますよ。科学における批判はいつでも部分的でしかありません。科学そのもののいちばん深い前提を疑問視することはないんです。

ザック　たとえば？

サラ　たとえば、科学の言語は世界を見る透明な媒体だという可能性そのものを疑問視しませんよね。

ボブ　ザックは今度はなにを言ってんの？

ザック　ぼくが言っているのは、科学では、まるで世界をのぞきこむ窓のように言語を扱っているということですよ。

ボブ　そうなん？

サラ　科学者たちは、たんに科学を継続してやっていくのを優先してるんだよ。世界を記述するのに言語を使うけれど、言語そのものについて、哲学的な問いを立てて時間を無駄遣いしないの。

ザック　まさしくそれですよ、サラ。科学者たちは、立ち止まって、自分が当然視していることを改めて考え直したりしないんです。

サラ　言語が窓だってことを科学がほんとに前提してるって、ザックはまだ示してないよね。それに、そう前提していてなにがいけないのかってことも、示してない。

ザック　それを言うならサラこそ、そうでないのを示してはいないじゃありませんか。それに、そういう前提があっていい理由も。

サラ　科学で言われることなにもかもにさらに証明が必要だとしたら、にっちもさっちもいかないよ。

ザック　おそらく、サラが想像している科学だって、にっちもさっちもいかないでしょう。

サラ　科学は現ににっちもさっちもいってるじゃん。あたしにとっては、欠点があってもこれで十分だし。

ザック　サラ、それこそぼくが不満に思っている保守主義ですよ。科学のあり方も、その主張も、まったく疑問視しないのですから。

サラ　べつに、科学が完璧だなんてあたしは言ってないよ。でも、あれを疑問視して、さらに疑問視を疑問視して、それから疑問視の疑問視の疑問視を際限なく続けるには人生は短すぎるよ。どこかに出発点をおかなきゃ。

ロクサーナ　ザックの疑問視にはえり好みがありますね。ようするに、自分が嫌っているものは疑問視して、好きなものは疑問視しない。そういうかたちで統治できたらいいと思っているのでしょう？

サラ　こわがりの独裁者はそうするかもね。いつでも、のぞみのものは手に入れつつ、けっして独裁しているように見せないようにするんだ。独裁者をおそれる子分たちが、彼が疑問視するのをなんでも打ち壊してくれる。はっきり言葉で「やれ」って言われなくても先回りしてくれるわけだ。

ボブ　ザックをおそれるやつって誰よ？

ザック　ありがたくて涙がでそうですよ。サラ、ボブ、お二人の調停役を買って出てみたら、両方からののしられる始末ですよ。ほんのいくつか疑問を言ってみたら、独裁者になりたがっているなんて非難されて。

ロクサーナ　調停役も、おうおうにして自分じしんの狙いをもっているものですよ。ザックは疑問視する対象を戦略的に選別しています。ランダムにではなく。真偽を疑問視する一方で解放は疑問視しないのと、解放を疑問視して真偽を疑問視しないのとでは、効果がちがってきますよ。

ザック　ぼくは両方とも疑問視していますよ。

ロクサーナ　一方はより前のめりに疑問視しておきながら、もう一方はそうでもないように見受けられますが。

サラ　ザックにどんな狙いがあるにしてもさ、意見の相違を覆い隠すんじゃなくって、あけすけにしておくのには同意できない？

ザック　意見の相違をあけすけにするのにいちばん効果的な方法は戦争ですよね。

サラ　あたしが言わんとしてるのがそんなんじゃないって、わかりきってるでしょ。あたしが言いたいのは、問題点をはっきりと明示的に整理して、あいまいさやあやふやなところをなくそ

ロクサーナ　うってこと。そうやって、具体的にどこに意見の相違があるのか探り出すんだ。外交には、わざとあいまいさやあやふやさを使って、誰もがメンツを保って同意できる文面をつくりあげる手管もありますよ。

サラ　そうでもしないと残る選択肢が戦争しかないっていうんなら、それも最後の手段としてアリだけどね。でも、あたしたちはべつに1914年欧州の政治家じゃないんだから。問題点を明瞭にできたら、あとは殺し合い無用で問題点の解決に乗り出せばいい。お互いの相違点を浮き彫りにして、共通の土台を見つけ出して、それを出発点にすればいいじゃん。そこから出発して、合理的な議論を進めていって、誰が正しくて誰がまちがってるか探っていけばいいよ。

ロクサーナ　全員が間違っている場合もあります。

サラ　それならなおのこと、問題点をはっきりさせる理由ができるよ。もちろん、完璧な理論なんて滅多にあるもんじゃない。いまあたしが言った手順で議論を進めていくと、最初にみんながそれぞれにもっていた理論よりもすぐれてる理論が生み出されることだって多い。その成果に向けて、全員がなにかしら貢献できるかもしれない。

ロクサーナ　どうしてハッピーエンドを期待するんです？　合理的な議論であらゆる相違点を解決できるとはかぎらないのでは？

サラ　かりに、ある問いへの答えで意見がちがってるとしようか。まず、みんなが持ち合わせてる証拠について合意する。それから、その証拠が支持するのはどの答えなのか考えて、そこに合意するんだ。

ロクサーナ　証拠がどの答えも支持しないことだってありますよ。

サラ　そのときは、答えを空欄のままにして開かれた態度でさらに証拠を集めることで合意すればいい。とことん運がわるかったら、永遠に答えが空欄のままになるかもしれない。でも、たいてい科学ではだんだん証拠が蓄積されていって、どれか一つの答えが他よりも支持されるようになるもんだよ。

ロクサーナ　「そしてみんなはしあわせにくらしましたとさ、めでたしめでたし。」

サラ　おとぎ話じゃないよ。これは理想化。

ボブ　なにがちがう？

サラ　科学者はいつだって理想化してるんだ。惑星を質量のある点として計算することなんて、よくあるよ。そういう単純化したモデルなしじゃ、コンピュータにだって計算できないくらいむずかしくなりすぎちゃう。単純化してあっても、その計算結果はすごく正確な予測になりうる。おとぎ話は、正確な予測なんてださないでしょ。

なにを証拠に数えるか合意できる？

ロクサーナ　手持ちの証拠について双方が合意できない場合は？

サラ　かんたんだよ。証拠に入れるかどうかで合意できないものがあったら、それを除外するよう合意すればいい。合意のとれた証拠だけを使うの。

ボブ　あの黒服女は魔女だって感じたと俺が言っても、サラは「ちゃんとした証拠じゃない」って異論を入れたよね。ちゃんとした証拠じゃない理由をサラは言わなかったけど、それで自動的に除外されちまうわけ？

サラ　「黒服の女性は魔女だと感じたとボブが言った」のを証拠に含めるのに反対してるんじゃないよ。その言い分ならみんな耳にしてるし。そうじゃなくって、「黒服の女性は魔女だとボブは感じた」を証拠に入れるのに反対してるの。だって、キミがそんなことを感じたかどうか、合意はとれてないわけだから。ボブはたんに、彼女が魔女だと思ってるだけでしょ。

ボブ　魔法について知ってるヤツが他にもここにいたら、きっとそいつらだって感じただろうさ。

ザック　サラは、他人の挙げた証拠を除外するのを気にしないんですね。もし、他の人があなたの証拠を除外したらどんな気分です？

サラ　あたしが言ってる証拠は科学的に確証とれてるし。除外できないよ。

ザック　人間の活動が地球温暖化を引き起こしているのを疑う論者たちなら、あなたの言う科学的な証拠をどれか除外すると思いますよ。きっと、彼らはこんな風に言いますよ、「科学者たちは数字をごまかしてる」って。あるいは、初手から理由もなしに証拠を拒絶するかもしれません。サラに言わせれば、これで合意はとれなくなっているので、証拠としては除外されるんですよね。

ロクサーナ　すぐに、地球温暖化の証拠が一掃されるでしょうね。

ボブ　うへえ。今日なんて、いまのこの時期にしちゃやたらにあっついのに。

ザック　懐疑論者ならそれだって疑うかもしれませんね。

サラ　はいはい。あたしの理想化はちょっと行き過ぎてました。たんに自分に都合が合わないからって証拠を却下してはダメ。却下するには、まともな理由を示さなくちゃいけない。

ロクサーナ　なにか適当にでっちあげて、それをまっとうな理由ですと言い張るのはたやすいでしょうに。

サラ　それじゃ不十分だよ。却下するだけのまっとうな理由があると双方が合意したときにかぎって、証拠から除外すべき。

ボブ　あの女が魔女だって俺が感じたのを却下するまっとうな理由があるって話に、俺は同意しないよ。

ロクサーナ　サラが新しく出した規準でいくと、これを証拠として却下できませんね。

サラ　だあああ、もう。手に負えなくなってるし。却下するだけのまっとうな理由がある場合に証拠として却下できると言った方がいいのかな。どちらかの側に偏執狂がいて「同意しない」って言い張るとしても。

ロクサーナ　すると、証拠について合意されませんね。

サラ　この手順だと、道理をわきまえた人たちでしかうまくいかないな。道理のわからない人たち相手にどうしたらいいかわかんないや。教育とか？

ザック　サラの言う教育を相手が望んでないときはどうすんの？　牢屋にでもブチこんで、洗脳する？

ボブ　俺もその「道理をわきまえてる人」に入る？

サラ　魔法の件だと入らないかな。ガーデニングでなら入るね。

ロクサーナ　どうして、「道理をわきまえた」人々が証拠で合意すると期待するんです？

サラ　共通の証拠について二人が同意できないとしたら、少なくとも一方が道理をわきまえてないから。

ロクサーナ　どちらが？

ザック　サラと意見が合わない方に決まってるじゃないですか、ロクサーナ。

サラ　それはずいぶんとフェアじゃない言い様だね。あたしはたんに、合意にいたるまでの合理的なプロセスの理想化モデルを示してるだけ。そこははっきり認めておいたじゃない。もちろん、現実は理想化モデルみたいにきれいに整ってたりしないよ。だけど、モデルへのおおざっぱな近似がうまくできれば、それだけでも価値のある進歩だよ。

ザック　サラの言うように進歩を「うまくやる」として、その方法は？　あなたのモデルに向かって人々を近づけさせるにはどうするんです？　逆に遠ざけない方法は？　進歩を取り締まるために、大衆をコントロールする強制力が必要になるのではありませんか？　許可されない方向に逸れていく人々は、警棒で取り締まることになりませんか？

サラ　ザックの言い様だと、あたしが言ってる方向に向かう自然な傾向が人間にないかのようだし、合理的な議論なんてあたしらには異質なものみたい。ほんとに人間がそういうものなら、きっとあたしの言うモデルは望みなしだろうね。でも、あたしはそこまで悲観的じゃない。すごく地に足の着いた現実問題があって、人が集まってその解決策を論じるときには、たいてい、道理をわきまえて議論するし、賢明な解決案で合意するもんだよ。

ザック　宗教的、道徳的、魔術的な禁止事項でサラの言う自明な解決案が禁じられている場合だってあるでしょう。そういうときにはどうするんです？　とくに宗教的、道徳的、魔術的な視点を他人が却下している場合には、事態は過熱していきますよ。

サラ　もっとよく教育されていれば、そもそも宗教や道徳や魔法の偏見をもたずにすんでたよ。
ザック　誰がサラを文部大臣に指名するんです？
サラ　政治家なんて、まっぴらごめんだけど。
ザック　だったら、誰か他の人を文部大臣にするわけにもいきませんよね。自分の手を汚さずに自分の望みをかなえようというのは虫のいい話ですよ。
ロクサーナ　リア王が理解したように。
サラ　まあ、あたしにも投票権はあるし。ざんねんながら、あたしの一票だけじゃ、大したことないけどね。他の人たちがあたしと同意見になってくれるのを願うしかないや。
ボブ　かなうかな？
サラ　希望をはるかに下回ってるね。
ボブ　なぐさめになるかどうかわかんないけど、文部大臣なんて、べつに一般人の考えをコントロールしちゃいないよ。
ザック　なんでそう言うんです？　多くの国では、学校の教科書に載せるものを文部大臣が管理していますよ。
ボブ　俺が学校で抱えた問題っていったら、なにが教科書に入るかってより、教科書に入ってるものが俺の頭に入らなかったってことだけどね。頭に入ったとしても、一泊二日でサヨナラだったよ。
サラ　まあ、ボブが魔法を信じるようになったのが教科書のせいじゃないのは確かだね。
ボブ　ガキの頃、うちのばあちゃんがよく俺の面倒を見てくれたんだ。いつも魔女の話をしてくれたよ。近所に一人魔女がいるって彼女は思ってた。きっと、そのとおりだったと思うよ。その家の前を一人で通らなきゃいけないときにはほんとにこわくてしかたなかったね。その女が二階から俺をじっと見下ろしてるところを見かけることもあった。十代の頃は、魔法をほんきにしなくなった。また魔法について考えるようになったのは、もっと大きくなってからだな。考えれば考えるほど、魔法について合点がいくようになった。俺以外にも魔法の経験がある人たちにも会ったよ。魔法以外に説明のしようがないことはよく起こるんだ。俺の人生まるごとが魔法の証拠だよ。

サラ　なんとも非科学的な態度だなぁ。

ロクサーナ　他の理論よりも魔法の方が自分の証拠をよく説明できるからという論拠で、ボブは魔法説を受け入れているのですね。最良の説明への推論をしているわけですよ。これが非科学的な方法ですか？

サラ　もちろん、最良の説明への推論は科学的な方法だけど、ボブは救いようがないほど応用編で間違ってる。魔法は、彼のデータをいちばんよく説明するわけじゃない。ただ、そう言ったところでボブの考えを変えられっこないのはわかってるけど。

ボブ　俺も、自分が魔法について考えを変えることはないってわかるよ。

サラ　もし証拠が支持するんなら、あたしだってよろこんで魔法を受け入れるよ。それが科学的な態度ってもんだし。

ボブ　どんな経験を言って聞かせたって、サラの考えは変わりっこないじゃん。魔女がほうきに乗って空を飛んでるところを目撃したって言っても、サラは俺が嘘をついてるだの、記憶ちがいだの、解釈を間違ってるだのって言うばっかりだ。

サラ　実際そうじゃないの。

ボブ　サラは、俺がいままでほうきに乗った魔女を見たことがあるかってことすら聞こうとしないじゃん。

サラ　見たことあるの？

ボブ　いや。でも、俺の友達の友達は見たことあるって。嘘をつかないので有名なやつだよ。

サラ　嘘を言ってるわけじゃないとしても、ほんとのことじゃないかもしれないでしょ。

ザック　議論の行き止まりにはまったみたいですね。ぼくが最初に自己紹介したときと同じですよ、おふたりさん。どちらも自分の意見を変えようとしないんですから。だからこそ、平和な共存のために新しい態度が必要なんですって。

ボブ　新しい態度って？

ザック　まず手始めに、どちらも相手の言っていることが相手の視点から見て正しいと認めるべきですよ。

サラ　その話はもうすませたよ。それってたんに、相手が自分のことを正しいって思ってるのを認めるだけだったよね。ザックに手助けしてもらわなくったって、「自分は正しい」ってボブが思ってるのならわかってるって。それに、ボブだって、あたしが自分を正しいと思ってるのを理解するのに助けはいらないでしょ。

ザック　それでおしまいじゃありませんよ、サラ。ふたりとも、自分なりの方法で物事を理解できるという点で同意すべきです。

サラ　それはないかな！　ボブは物事を理解してなんていないよ。ボブの考えてることをじっくり調べてみたら、どんなことも大してうまく説明できない考えなのがわかるって。まともな予測なんて提供しないんだ。たんに、ボブが行き当たりばったりにつくってるだけで、てんでばらばらなんだから。

ボブ　んなことないって。そりゃまあ、俺には科学者みたいに方程式をあれこれ繰り出せやしないし、学校じゃ数学でいい点をとったことなんて一度もないよ。でも、俺よりずっと利口な連中が魔法の仕組みを研究してる。もっと上級の魔女ならよく知ってるんだ。

ザック　ボブの視点から見ると、魔法は意味をなすわけですね。サラの視点から見れば、現代科学が意味をなす。

サラ　それってたんに、魔法で物事が理解できるとボブが思っていて、あたしはあたしで、現代科学で物事が理解できると思ってるってだけでしょ。どっちも、ザックの助けがなくったって理解できてるよ。

ロクサーナ　ボブもサラも、お互いに信じていることが両立しないから対立しているんですよ。ザックの助言どおりにもっと信念の足し算をして増やしてみたところで、もともとの両立不可能な部分は残ったままです。これを取り除くには、ボブかサラのどちらか、あるいは両方から、信念の引き算をするしかありませんよ。

ボブ　魔法に関する俺の信念はなんぴとたりとも奪えねえよ。

サラ　あたしだって、科学の信念を放棄するつもりはないよ。

ザック　べつに、ご自分の信念を放棄してくださいと言っているわけではないんですよ。お互いの視点を尊重しましょうと言っているだけです。つぶしあおうとするのではなくて。

サラ　あたしは自分の信念に教条的にこだわるつもりないし。

ボブ　思ってることとやってることは別物だしなぁ。

サラ　証拠が裏打ちしているときには、それに合わせて考えを修正するよ。でも、あたしが考えを変えるのに、ザックのおかしな理論は必要ないから。

ザック　その「おかしな理論」なしで、サラとボブは殴り合いにならずに魔法を議論するどんな枠組みがあるというんです？

ボブ　女性を殴ったりなんかしないって。

サラ　科学は合理的な方法を使うよ。暴力じゃなくって。

ザック　文字どおりの「殴り合い」という意味ではないですよ、おふたりの場合は。他人の視点を排除するのは、それじたいが一種の暴力です。静かに、でも着実に害を及ぼす暴力です。

サラ　ザックが最初にあたしとボブの議論に割って入る三分前には、もう、合意がないことに合意してたんだけどね。他にどういうマシな結果をザックはもたらしてくれる？

ロクサーナ　ザックのおかげで議論する話題は増えましたし、議論相手まで増えましたね。

サラ　そこはザックにありがとうかな。いい議論ができて楽しいよ。異論がない世界になんて暮らしたくないしね。そんなの退屈すぎる。

ボブ　俺は気にしないけどね。

ここまで議論してみてどうだった？

ザック　少なくとも、真偽や正誤の観点で考える不寛容の危険性については、忠告しましたよ。

サラ　あたしが学んだのは、そういう観点で考えようとせずに二重思考に陥る危険だけどね。

ボブ　ロクサーナから得るものはあったと俺は思う。真偽や正誤って観点を使う論理的な方法は、たんなる常識なんだ。注意深く取り扱われた常識なんだなって。

サラ　マチガイ主義は自分で思っていたよりややこしいのがわかったな。可謬性と知識で巧みにお手玉しようとすると、片っぽをおっことさずにいるのが大変なんだ。それでも、やらなきゃいけないいけど。

ボブ　ザックのためにこれは言っとくよ。科学者たちが見せかけてるよりも、科学は政治と変わらないところが多いんじゃないかって俺は思ってたけど、ザックのおかげで疑ってたとおりだとはっきりわかった。知識は、権力と混ざり合ってるんだ。でも、だからって知識が権力に他ならないってことにはならないけどね。

ザック　まあ、ぼくが言っていたことから少なくともなにごとかはボブに得るものがあったようで。でも、ボブとサラは、魔法をめぐる当初の行き詰まりからいまだに抜け出ていませんね。ぼくは抜け道を提示したのに、おふたりとも拒絶していますからね。

ロクサーナ　その抜け道は迷い道ですからね。二人は同意しようがないんですよ。同意できるかのようによそおってみても無駄です。

サラ　同意しないままでめでたしめでたしにしてもかまわないけど。

ボブ　俺は同意できた方がいいな。

ザック　では、ロクサーナ、あなたはふたりの行き詰まりをどう解釈するんです？

ロクサーナ　魔法は効き目があるか、ないか、二つに一つです。したがって、ボブが正しくサラが間違っているか、あるいはサラが正しくボブが間違っているか、そのいずれかです。頭を悩ませずとも、どちらかはわかります。私は魔法の問題にさして特別の関心はありません。ふたりの言い合いに耳を傾けたのも、たんに、訓練されていない人どうしでの論争がおのずと混乱するという教科書的な事例だと思ったからにすぎません。略式の議論でいつも通用しているルールのおかげで、ふたりとも決定的な優勢を決められていません。

ザック　ほら、だからぼくがそう言っていたじゃありませんか。

ロクサーナ　自分の見解を主張したり擁護したりした場面であなたがやっていたことは、ふたりよりいっそうひどかったですよ、ザック。あなたはずっと自分の論拠をうつろわせつつ、しかもそのことを認めようともしなかったのですから。

ザック　それは柔軟性というものですよ。

ロクサーナ　ちがいますね、あれは支離滅裂というのです。ともあれ、略式の議論でありがちなルールのおかげで、平均的な知性の持ち主ですら、その気になれば際限なくいつまでも負けないままでいられます。ひたすら、相手の主張に疑問をなげかけつづければいいのですからね。あまりめぼしいテストではありませんね。

ザック　では、どういうものならめぼしいテストなんです、ロクサーナ？

ロクサーナ　純粋な論理学や数学でないかぎり、めぼしいテストをするとなれば、必ず審判にとってはるかに困難なものになります。たとえばこういうテストをするのですよ――「どの理論が証拠をいちばんよく説明するか？」ボブもサラも、そのテストをやろうと試みてはいました。ごく拙いかたちではありましたが。そして、そうしてでてきたあれこれのテスト結果は相反していました。

ザック　つまり、ロクサーナに言わせるとあれは引き分けだったんですね。

ロクサーナ　ちがいますよ。勝者を判定するには、すぐれた審判が必要だと言っているのです。どちらを勝者に選んで宣言しても、もう片方はきっと審判にバイアスがかかっていると非難するでしょう。ザックは両方から好かれたがっているあまりに、勝者を宣言するのに及び腰になっています。自分の内心ですら勝者を決められていない。その結果として、どちらにも好かれていませんけれどね。ふたりとも、ザックを友人とはみなしていません。

サラ　あたしは、ザックのこと、きらってないけどね。

ボブ　俺も。

ザック　あれは引き分けでしたよ。少なくとも、そう言ったからといって、サラもボブも、ぼくをきらったりはしないでしょう。ロクサーナ、あなたはどうなんです？　勝敗を宣言するんですか？

ロクサーナ　しませんよ。ザックと同じく、勝者を宣言するつもりはありません。ザックとちがって、引き分けだとも宣言しませんが。

ザック　なぜです？

ロクサーナ　理非を比べれば、ふたりの成績はおそらく同点ではないでしょう。どちらもあまりよくありません。どちらがよりいっそう不出来かを判定する趣味が、私にはないんですよ。それぞれの説明を比べる基準がいい加減で、あやふやです。それだけでなく、説明すべき証拠がどういうものなのかも不明瞭です。もっと厳密に定義された問題を解く方が私は好きですね。

ザック　ロクサーナは、他人に好かれてるかどうか気にしないんでしょうね。

ロクサーナ　気にしませんね。気にしてしまえば、あなたのように混乱してしまうかもしれません。それに、自分で自分が好きかどうかも気にしません。純粋に論理的な視点をとる方が好きですね。

サラ　とんでもない反科学的な考え方をしてても、あたしはボブのことをいいやつだなって思わずにいられないな。

ボブ　それは俺も同じ。心のせまい慣習的な科学崇拝があっても、サラはいいやつだなって思うよ。

ザック　すてきなお話ですね、ボブ、サラ。どうか、ぼくがのけ者気分になってると思わないでくださいね。まだ終わりじゃありませんよ。

第Ⅲ部のふりかえり

第Ⅲ部の大きな話題は、マチガイ主義あるいは可謬主義（fallibilism）でした。これは、どんな考えも誤りでありうるという考え方です。「どんなときにも、自分の考えはもしかしたら間違っているかもしれない」――知的な謙遜を重んじる、とてもよい態度に思えます。しかし、マチガイ主義をとるというサラに対して、ロクサーナが異論を唱えます。

その際の題材は、他の乗客が魔女かどうかという論点でしたが、ここでは「雨が降っているかどうか」に置き換えておさらいしましょう。マチガイ主義を当てはめると、どんな断定にも「これはまちがいかもしれない」という留保がつきます。すると、「いま雨が降っている」と断定したら、それに続けてこう加えなくてはいけません――「でも、雨は降っていないかもしれない。」これは、なんだかおかしいですね。

「いま雨が降っている、でも、雨は降っていないかもしれない。」

後半の留保を本心から信じているなら、前半の断定は言えないはずです。そうであるなら、たんに「いま雨が降っているかもしれない」とだけ言うしかありません。いかにもな断定を避けて蓋然性の言明に置き換えても同様です。

「いま雨が降っている見込みは大きい、でも雨が降っている見込みは大きくないかもしれない。」

また、「1＋1は2である」のようなことにまで、「でも間違っているかもしれない」と留保をつけるのはおかしいですね。こうしたことは、たんに知っていると言えばよいはずです。なんにでも「間違っているかもしれない」と留保をつけることには意味はない、傲慢に思えるほどの断定がときとして必要だ——これが、マチガイ主義者を自認するサラが新たに学んだことでした。

{ 第Ⅳ部 }

価値の悪徳

The Vices of Value

子供をひっぱたく母親をとめるべき？

サラ　ね、さっきの女性見た？　どピンクのひと。ちいさな息子を「バシィ！」ってぶってたよ。泣き止まないからってだけで、すごいきつい平手打ち。黙って見てるのがつらいよ。ほら！またやってる。

ボブ　うちのかーちゃんにも、よくひっぱたかれたよ。俺があんまり手に負えない様子だとね。だけど、それで怪我をしたためしはなかったな。俺にとっては、ブスッと黙って怒りを向けられるよりは、ひっぱたかれる方がマシだった。

ザック　年月が重なってボブも変わったんですねぇ。

サラ　子供相手に暴力を使うなんて、度が過ぎてるよ。福祉が介入しないと。

ボブ　それで、あの子を保護すんの？

サラ　必要なら。

ボブ　そんなことになるくらいなら、まだ、たまにひっぱたかれながらでも自分の母親に面倒見てもらった方がマシだよ。

サラ　どうしてそこまで妥協できるの？　あの子供が身体的にも心理的にもあたしらの目の前で痛

めつけられてるってのに。

ボブ　あの子はいまでも十分に幸せに見えるよ。遊んでるじゃん。

サラ　長期的な効果をなんにも考えてないんだね。あの子供は生涯にわたる打撃を受けてるのかもしれないじゃない。

ボブ　俺みたいに？

サラ　お母さんに虐待されてなければ、バカな迷信に逃げ込まなくてすんだかもしれないね。

ボブ　虐待じゃないよ、ただひっぱたかれてただけだって。

サラ　ひっぱたくのだって虐待だよ、ボブ。もしもいまあたしがボブをひっぱたいたとして、まあ、それくらいした方が正気にもどせるんじゃないかって気がしないでもないけど、でもそんなことしたら、暴行で訴えられかねないもの。無防備な子供は、少なくとも大人と同じくらい法によって守られる権利があるよ。とくに、攻撃してくる相手が、ほんらい保護者たるべき人たちだったらなおさらね。

ボブ　サラって、なんでも科学的に扱うべきだっていっつも言ってるよね。ひっぱたくのはよくないって言い分の科学的根拠はなに？

サラ　子供をぶつことの長期的な悪影響については、統計的な証拠がきっとたくさんあるはずだと思う。

ボブ　てことは、べつに証拠は知らないってことじゃん。きっとあるはずだって思ってるだけでさ。なんにせよ、親には、「これがいい」と思うやり方で子供を育てる権利がある。我が子に必要なことは、親がいちばんよく知ってるんだ。

サラ　そうとはかぎんないよ。明らかに、あの女性はちがうね。なかには、我が子を殺しちゃう親だっているし。そんなのが「必要なことをいちばんよくわかってる」って言える？

ボブ　子供を殺すのと育てるのは別の話だろ。ともあれ、俺が言ってるのは、そういうトンデモな親じゃなくって、ふつうの親の話だよ。向こうにいるさっきの女性は、べつにトンデモじゃないよ、たんに疲れ切ってウンザリしてるだけだ。グズってる悪たれにかかりっきりになってるおかげでさ。ふつうの親には、これがふさわしいと思うやり方で子供を育てる権利がある。

サラ　その育て方が子供に有害だって科学的に証明されていても？

ボブ　あの男の子の面倒をどう見るべきか決める権利は科学者にはないよ。そりゃ母親の権利だもの。科学的な助言にしたがって育てるかどうかは、あの母親の一存だ。昔ながらのやり方こそを子供が必要としてることだってあるさ。

サラ　科学的な助言について彼女がなにか知ってそうには思わないんだけど。

ボブ　まあ、そんなに憤ってるんだったら、彼女のところに行って話してみればいいんじゃない。

サラ　そのつもりだよ。ときには、行動を起こさなきゃいけないことだってあるもの。

ザック　本気でそれが賢明な行動だと思って……ああ、行っちゃいましたね。

ボブ　俺の言葉を真に受けるとは思わなかったなぁ。言行一致ってやつだ。我らが行動する女性のサラさん、ぱねえっす。騒音がすごくてなにしゃべってるか聞こえないな。ザックはどう？

ザック　いえ、ぜんぜん。サラをあおるにしても、気をつけた方がいいんじゃないですか。

ボブ　わかっちゃいるんだ、サラはなんでもドまじめに受け取るから。話はどうなってんのかな。

サラ　……お、戻ってくるっぽい。彼女、なんつった？

ボブ　向こうが言ってる言葉の半分しかわかんなかった。ほとんどは、ちょっと自分では口にしたくないような下卑た言葉なんだもの。

サラ　あの男の子はなんか言ってた？

ボブ　また泣き出しちゃった。そしたら、子供を取り乱させた件であの母親があ、あ、あたしを警察につきだすぞって脅してきて。で、これ以上続けても意味ないやって切り上げたわけ。

サラ　はじめる意味からして、なかったけどね。

ボブ　この一件だけで、あたしの疑念が正しかったってわかったよ。あの子供は保護されるべきだよ。

サラ　科学で考えるとそういう話になんの？　それとも、たんに罵倒されてムカついてんの？

ボブ　ボブの言うとおり、客観性をなくさないように注意しないとね。でも、話をしに行く前に、子供をひっぱたく件で彼女にやめた方がいいって言ってたんだよ。

サラ　法律がなんて言ってようと、彼女には子供をひっぱたく道徳的な権利があったんだ。サラの言う科学には、その権利がないって証明することなんてできないだろ。

ボブ　親の暴力が子供の健康と幸福に及ぼす悪影響なら科学が証明できるよ。

サラ　俺が言ってるのは、母親の権利の話だよ。子供を育てるのに自分で判断して決める権利があの母親にはあるだろ。

ボブ　彼女じしんの判断があれほど無知蒙昧ぶりを呈してる状況じゃ、話がちがってくるでしょ。

サラ　子供をひっぱたく権利があるんだっつーの！

サラ　ちがう、権利なんかないって！

ザック　おふたりさん、ここでぼくの出番みたいですね。また袋小路にはまってるじゃないですか。

ロクサーナ　サラの言う科学だと、道徳的権利についてどういう話になるんです？

サラ　えっと、「道徳的権利」は科学用語じゃないよね。道徳的権利の計測なんてできないし。でも、健康なら計測できるし、しあわせ度だって計測できる。そういう計測値について語る方が科学的かな。

ボブ　議題を変えないでくれよ。俺が言ってるのは、母親の道徳的権利なんだからさ。

サラ　そのテの感情的な言葉で話してても、にっちもさっちもいかないよ。子供の養育の議論を前に進めていくには、もっと事実を語る語彙を使うようにする必要がある。

ボブ　自分の子供をひっぱたく道徳的権利が母親にあるってのは、事実じゃん。

サラ　道徳的権利は事実じゃないよ。意見の問題だし。事実の問題っていうのは、科学的に計測できるようなものでしょ。

ロクサーナ　そういう計測をなにもかもやったとしたら、そのあと、すべきこと・すべきでないことを科学者はどうやって決めるんです？

サラ　健康としあわせを最大化する見込みが高い選択肢を推奨すればいいよ。

ロクサーナ　健康としあわせを最大化すべきだという道徳理論を、科学者は仮定するんですか？

サラ　他に選択肢は？

ロクサーナ　いくらでも、無限に。

ザック　サラ、道徳理論で最大化すべきだと考える対象は、なにも、健康としあわせにかぎりませんよ。快楽の総計を最大化すべきという説だってあります。

サラ　それって、ようするに同じことじゃないの？

ザック　そうともかぎらないんです。たとえば、こんな錠剤があったとしましょうか。その錠剤は、飲めば数秒間だけ想像を絶する快楽を与えるけれど、そのあと一瞬で死んでしまうんです――セックスみたいというか、もっと強烈なやつですね。これをみんなが「いっせーの」で飲めば快楽の総計マイナス苦痛の総計は最大化されるかもしれません。でも、健康を増進すべきって説では、そんな錠剤は奨められませんよね。

サラ　そういう後遺症はナシで。あたしが「しあわせ」って言うのは、もうちょっとちがうやつだよ。もっと長期的なしあわせを考えてたから。

ボブ　なんの最大化だろうと、俺の知ったこっちゃないよ。「これがいい」と思うように母親が子供を育てる権利と、なんの関わりがあんの？

ロクサーナ　サラが考えているような科学者による道徳理論の選択には、なにも科学的なことはないという話ですよ。

道徳相対主義でOK？

サラ　十分にはっきり考えてなかったなぁ。道徳理論を選ぶってのは、価値判断をするってことなんだ。で、科学は価値判断しない。道徳のありようを選ぶのは、つきつめていくと個人の好みの問題でしかないってわけか。

ロクサーナ　寝室の壁紙の色を選ぶように？
サラ　えっと、あたしの道徳のあり方は、寝室の壁の色より影響する人が多いよね。
ボブ　俺の好みだからって理由で、俺は自分の道徳を選んでいいの？
サラ　自分の道徳は自分で選べばいいよ。あたしはあたしのを選ぶ。でも、あたしの道徳からは、ボブの道徳からでてくる帰結の一部を防がなきゃいけないってことになる。親が子供をぶつのをゆるさないから。
ボブ　サラの道徳は俺の道徳を妨害するのに、それでもサラは、「自分が正しい、ボブは間違ってる」って言ってないつもり？
サラ　ボブのは、ボブの好みに照らして正しい。あたしのはあたしの好みに照らして正しい。どんな道徳も、絶対的に真だったり絶対的に偽だったりしない。
ザック　じゃあ、けっきょくサラは相対主義者じゃないですか。いつかは理解してくれると思ってましたよ。
ロクサーナ　理解というより、感染ですね。
サラ　あたしはザックとはちがうし（それに、ザックと同じく、ロクサーナの比喩も気に入らないな）。科学については、あたしは相対主義者じゃないもの。科学理論のなかには、絶対的に真なものもあれば、絶対的に偽なものもある。科学的な手法を使えば、どれがどっちなのかわかる。でも、そういう手法は道徳的な価値には当てはめられない。観察も計測もできないからね。道徳的な価値は、〔人間によって〕つくりだされる性質であって、発見される性質じゃない。だから、道徳については、あたしは相対主義をとるわけ。道徳の相対主義者。

ボブ　サラの心変わりにはついていけないよ。さっきまでは、サラもロクサーナも、ザックの相対主義が穴だらけだって考えてたじゃん。サラの道徳相対主義だって穴だらけなんじゃないの？

サラ　もっともな疑問だね。でも、決定的なちがいがあるよ。ザックは、あ、ら、ゆ、る、こ、と、に、つ、い、て、相対主義をとりたがってる。だから、ザックの意見をピンでとめられないわけ。

ザック　昆虫採集の死んだ蝶みたいに言わないでくださいよ。

ロクサーナ　生きた蝶ですよ。蝶のようにひらひらふわふわした精神の。

サラ　なにを言おうと、そのあとすぐ、ザックは自分の視点に相対化するから。自分の相対主義についてすら相対主義をとらずにいられなかったよね。そのせいで、ドツボにはまってたんだけど。

ザック　ドツボにはまってなんかいませんよ。

ロクサーナ　それが問題なのですが。

サラ　あたしの道徳相対主義は、道徳的な信念にしか関わらない。すべきことに関する信念しか扱わない。道徳相対主義は、なにをすべきかを示すわけじゃないから、それについて相対主義にならなくていい。道徳相対主義は絶、対、的、に真なんだ。あたし一人にとってだけじゃなくって、絶対的に。誰がどんなことを考えても真。道徳の相対主義は十分に限定されてるから、擁護できる。ザックの相対主義とちがってね。

ザック　その「限定されている」が曲者ですね。

ロクサーナ　道徳相対主義に転向した後でも、「なすべきことは健康としあわせの最大化だ」とサラは信じているのですか。

サラ　もちろん。こうして会話してるあいだにあたしの道徳観は変わってないもの。子供をひっぱたくのはよくないって考えてるよ。ただ、道徳観が科学といかにちがうかってことを自分で思い出さなきゃいけなかったってだけ。

ロクサーナ　ですが、健康としあわせは科学的に計測できるといまもサラは考えているわけですよね？

サラ　もちろん、原則としては。

ロクサーナ　ということは、サラの道徳理論が最大化すべきという性質も科学的に計測できるわけですね。

サラ　うん。あたしが言うような道徳理論の利点のひとつは、それ。

ロクサーナ　では、どうして、道徳的な性質が計測しうることをサラは否認したのです？

サラ　ああ、言わんとしてることはわかるよ。でも、そういう計測は、あたしの道徳理論に相対的なんだ。

ロクサーナ　つまり、最大化すべきものを計測したとして、その数値の正確さは、あなたの理論に左右されるというので？

サラ　そう、だと思う。

ロクサーナ　あらゆる科学がそうですね。気温を計測するのにふつうの温度計を使えば、その正確さは水銀のふるまいに関する理論に左右されます。水銀に関する理論を受け入れるなら、温度計で計測した気温も受け入れることになりますね。

サラ　あたし自身としては、なすべきことの測定はできると思ってるよ。でも、それもぜんぶあたしの視点に相対的だけど。

ザック　その調子ですよサラ！

サラ　ザックの応援なら、ない方が心強いなぁ。

ロクサーナ　さきほど、サラは、道徳的な性質が計測できないことを論拠に道徳相対主義を言っていました。それが今度は、計測できると言い、しかもなお、道徳相対主義を言っています。

サラ　そこのところ、うまく言い表せてないなぁ。ちがうのは、科学的な問いへの答えだったら合意ができるけれど、道徳的な問いには合意ができないってこと。さっき、子供をぶっていいかどうかって道徳問題であたしとボブが行き詰まってたのを見たでしょ。

ザック　それを言うなら、塀が倒れた原因についてもサラとボブは行き詰まっていましたよ。サラの区別だと、こちらは科学的な問いであって道徳的な問いではありませんよね。

サラ　あのときは、ボブが魔法について道理に合わないことを言ってたし。

ロクサーナ　でも、子供をぶつ件については、ボブが道理に合ったことを言っていると？

サラ　ううん、子供の件でもボブはまるっきり道理に合わないことを言ってる。あたしの視点から見ればね。ボブの視点から見れば、子供をぶっていいって話は完全に理にかなってるんでしょ。

ボブ　まあね。

ロクサーナ　ボブの視点から見れば、魔法の話にしても、完全に理にかなっているのではありませんか。

サラ　そうだろうね。ボブの視点から見ればね。でも、魔法の場合、ボブの視点はてんで間違ってる。子供をぶっていいかどうかって件は、意見の問題だね。

ロクサーナ　たまたま議論に出てきた話題だけを見て、そういう相違点を仮定していませんか。

サラ　あのさ、この点をきっちり厳密に言うのはむずかしいとしても、科学的な言明を検証するようなかたちで道徳的な言明が検証できないってことは、誰にだって自明な話じゃない？

ザック　ぼくには自明じゃありませんけどね。あらゆる検証は、視点に左右されるんですよ。

サラ　まあ、このちがいはあたしには自明だけどね、ザック。だから、あたしは、科学的な言明を真か偽かで述べるし、道徳的な言明は真か偽かで述べない。

ロクサーナ　ですが、それでもサラは道徳的な言明を述べていますよね？「子供をぶつのは間違いだ」と言うのはやめないのでしょう？

サラ　うん。子供をぶつなんて、間違いだよ。

ロクサーナ　そうは言いますが、数秒前に言ったことからいけば、サラは道徳的言明を真だと記述しないのですよね？

サラ　そうだよ。子供をぶつのが間違いだってのは、真じゃない。

ボブ　きっぱり言い切ろうぜ、サラ。なにか述べておいて、そのあと「それは真じゃない」って言ってるじゃん。

ロクサーナ　またサラは初歩的な真偽の論理に違反していますよ。

サラ　わかったよ。子供をぶつのが間違いなのは真。あたしの視点から見ればね。ボブのじゃなくって。

ボブ　ほら、ザックと同じのらりくらりをやりかけてる。

ザック　単純馬鹿よりはのらりくらりの方がいいでしょう。

ボブ　サラ、なにかを真だと思ってるなら、「これは真だ」ってきっぱり言えばいいんじゃねえ

サラ　の？　ごまかし上手な弁護士みたいに、限定を加えたりなんかせずにさ。

ロクサーナ　いいよ、どうしてもって言うなら。子供をぶつのが間違いなのは真。

サラ　けっきょく、サラは道徳的言明を真偽で記述するわけですね。

ザックみたいになんでもかんでも相対的だって考えずに道徳についてだけ相対主義をとってみても、あまりよくはならないんだな。道徳だけにしぼっても、穴がぜんぶふさげるわけじゃないんだ。

マナーやエチケットはどうだろう？

ザック　サラ、そういう道徳みたいな大きい話からはじめない方が賢明なんじゃありませんか？　小さい話からはじめて、だんだん大きく積み上げていく方がいいのでは。

サラ　どういうこと？

ザック　大したことのないものを対象にするんですよ、たとえばエチケットとか。

ボブ　マナーを大事にするように育てられたよ。まあ、子供の頃にしょっちゅうやんちゃしてたのは認めるしかないけどね。

ザック　マナーが大事とは言っても、生きる死ぬの問題ではありませんよね。道徳とはちがって。

ボブ　ときには生き死にの問題になるよ。近頃は、ギャングどもの頭に無礼な言動をしたら路上でズドンとやられたりするし。

サラ　でも、それはやりすぎでしょ。ザックの論点が正しいのを支持することになるよね。殺人をおかして道徳の規則に違反する方が、誰かに無礼なことをしてエチケットの規則に違反するのより、ずっとわるいわけで。

ザック　うれしいですね。ゲップを例に考えてみましょうか。国によっては、食後にゲップをするのが礼儀とされるところもありますが、こっちでは無礼ですよね。ぼくらの規則に比べて、そういう国の規則が絶対的にすぐれているとか劣っているなんて、誰が考えますかね。

ロクサーナ　うちの弟は食後によくゲップをしていましたね。文化的に容認されてはいましたよ。私はいまいましく思っていましたが。

ボブ　俺のいとこに、ゲップするのはかしこまってて大げさだって思ってるやつがいるよ。

ザック　こんな風にいろんな反応があって、お互いに打ち消し合うかたちになっているのは、みなさん、よろしいですね？　文化はややこしいものですが、とりあえず議論のために、単純化しておきましょう。ゲップ文化と非ゲップ文化がある、ということにしますね。非ゲップ文化では、食後のゲップは不作法とされ、ゲップ文化では行儀よいとされます。絶対的に不作法だったり行儀よかったりはしないわけです。こういう例に関しては、ぼくらはみんな相対主義者です。これを目安にして、他のもっとむずかしい事例に関してどう相対主義をとればいいのか考えるといいでしょう。たとえば、道徳を考えたりするのに。

ロクサーナ　誰がどんな場面でゲップをするのかで大違いですよ。

サラ　もちろん。この国で、この車両に乗っているあいだに、あたしが食後のゲップをしたら、不作法だよね。ロクサーナの弟さんが、自分の国の自宅で食後にゲップをするのは、行儀よいってことになる。その弟さんがこの列車でゲップをしたらどうなのか、あたしが彼のうちで

ロクサーナ　ゲップをしたらどうなのかっていうと、よくわかんないけど。きっと笑いますよ。そのときは無視してやってください。ゲップが不作法かどうかがちがうといっても、いまサラが言った話では、ゲップを記述する人に相対的にはなっていませんね。ゲップをするのが誰で、いつどんな場面でやるのかに左右されていると言っているのですから。

サラ　かりに、弟さんが自宅でゲップするのを不作法だとあたしが思ったとしたら、あたしの考えがまちがってることになるよね。彼の文化に無知なせいで。弟さんが自宅でゲップするのは、べつに彼の文化では行儀よくってあたしの文化では不作法ってわけじゃないんだ。弟さんが自宅でやるなら、とにかく行儀いいんだ。彼が自宅でやるゲップが行儀いいかどうかは彼の文化しだいだよね。だって、彼の文化のなかでやることなんだし。

ボブ　ゲェーーーーーーッップ。うえぇい。

サラ　ちょっと、ボブ！

ボブ　いや、ごめんごめん。議論の例題をご提供せずにいられなくって。

サラ　そりゃどうも。ロクサーナの弟さんがいまここにいたら、ボブのゲップも行儀いいって考えるのかもね。

ロクサーナ　おそらく。

サラ　でも、彼はたんにまちがってる。あたしたちの文化に無知なせいでやったことにせよ、行儀いいことじゃない。

ロクサーナ　こちらの文化を蔑視しているせいですよ。

サラ　どっちにしても、ボブのゲップは、弟さんの文化では行儀よくってあたしらの文化では不作法ってわけじゃない――ボブの文化でもね。ボブのゲップは、とにかく不作法とされる。あたしたちの文化のなかで起こることだから、あたしたちの文化で不作法かどうかが決まる。

ロクサーナ　相対主義は、文化によって変わるゲップの分類を提示できていませんね。

ザック　いったん、一回一回のゲップから離れて議論するなら、「ゲップは不作法だ」とか「ゲップは行儀いい」のような一般論に関しては、ぼくらはみんな相対主義者ですよね、ロクサーナ。

サラ　ううん、どちらの一般論も偽だよ。ロクサーナの弟さんがやるゲップは、「ゲップは不作法だ」の反例になってるし、ボブのゲップは「ゲップは行儀いい」の反例になってるから。

ザック　サラ、こういうことを言う人たちは、いろんな文化をまたいだ一般論を言っているとあなたは解釈してるんでしょう。もしかしたら、そういう人たちは、自分たちじしんの文化についてだけ語っているのかもしれませんよ。すると、サラが「ゲップは不作法だ」と言い、ロクサーナの弟さんが「ゲップは行儀いい」と言うとき、どちらも自分じしんの文化について真なことを語っているんですよ。

ロクサーナ　それは相対主義とはちがいますよ。たんなる、いまのは、ごくふつうの現象です。文の表現するものが発話の文脈に左右されるだけのことです。ようするに、サラが言っているのは「ゲップは私の文化では不作法だ」ということ、そして愚弟が言っているのは「ゲップは私の文化では行儀いい」ということでしょう。文脈に左右される点では、サラが「私は女性だ」と言って私の弟が「私は男性だ」と言うのと同じです。いったん言明の中身がはっきりすれば、どちらの文化であっても、サラと私の弟の言っていることがどちらも真なのは明らかです。

サラ　合法か非合法かの区別と同じだね。子供をひっぱたいても合法な国もあるし、違法な国もある。ひっぱたくのが合法かどうかは、どこでひっぱたいたかによって決まる。自分の法の管轄をはなれて、ひっぱたくのを合法化も非合法化もできない。視点への相対性は、ここには関わりがないよね。

ロクサーナ　ザックは、相対主義にとってエチケットがかんたんな事例だと見誤ったんですよ。

サラ　道徳はちがうね。どこの文化も、そのなかでなされた行動が適切なのか不作法なのかを一致して決めるけれど、そのなかでなされた行動が道徳的に正しいか間違っているかを一致して決めはしない。たとえ、よその社会で暮らす人たちがそろって「奴隷制は正しい」と考えていたとしても――奴隷たち当人までそう思っていたとしても――、だからって、あたしたちにとっての問いが解決するわけじゃない。その人たちの奴隷制は間違いだと、やっぱりあたしたちは非難するわけだし。

ロクサーナ　サラはその非難について、やはり相対主義の立場をとるのですか？

サラ　うん。なんにも科学的根拠が見えないから。ただ、この道徳相対主義が正味のところどんなかたちになっているのか、あたしにはわからないけど。

ロクサーナ　奴隷解放のために外部から介入するとしたら、支持しますか？

サラ　うん。奴隷制は容認できないもの。

ロクサーナ　奴隷所有者に対してその介入を正当化しなくてはいけなくなったとき、サラならなんと言うのです？

サラ　奴隷の苦しみについて語るよ。そんで、奴隷所有者たちに、奴隷たちの視点から事態を見てもらう。

ロクサーナ　サラが道徳相対主義者なのを、その奴隷所有者たちが聞き及んだとしますね。彼らはサラに訊ねます――「あんたは奴隷制を非難するが、俺たちの奴隷制擁護論よりあんたの非難の方が絶対的にすぐれているのか？」サラなら、なんと返します？

サラ　政治的には、相対主義者だと正体を明かすのは賢明じゃないのかもね。そこはわかるよ。でも、彼ら相手にそこんところを不誠実にごまかしたくはないし。自発的に奴隷を放棄するよう説得できないなら、軍事力で優位なときにだけ介入するしかないかな。道理が通じないなら軍事力で介入するって彼らに伝えるよ。

ザック　「道理が通じる」という話を、彼らの視点に切り替えて眺めてみたらどうです？　サラの視点の方が彼らの視点より絶対的にすぐれているのではないと言うなら。

サラ　奴隷を解放する実力がこちらにはあるし、いざとなれば行使するつもりだと伝えることもできるよ。

ザック　もし力関係が変われば、彼らの方が「おまえを奴隷にしてやるだけの実力がこっちにはある、いざとなれば行使するぞ」と言ってくるかもしれませんよ。

サラ　奴隷所有者にあたしがなにを言うかは問題じゃないのかもね。なにをどう言っても、彼らに考えを改めてもらえないのかもしれない。あらゆる偏見を改めるよう奴隷所有者たちを説得できる論証をあたしが見つけ出す奇跡を、鎖につながれたままじっと待つしかないってわけじゃないんだよ、きっと。

ロクサーナ　奴隷所有者たちを説得できるかたちで介入を正当化できないとしても、自分を説得できるかたちで正当化できないか模索してもよいのではありませんか。

サラ　ああ、なるほど。軍事行動を起こすのが正当化されると自分で納得いくためには、奴隷を解放する方が、なにもしないでいるよりもいいって考える必要があるね――たんにあたしの視点から見てその方がいいってだけじゃなくって、絶対的にその方がいいって考える必要があるわけだ。道徳主義者なら、これを言うわけにはいかないよねぇ。

「おもしろい」「つまらない」（趣味趣向の述語）

ザック　はいはい、エチケットについてみなさんがそこまで騒ぎ立てるんでしたら、相対主義の手腕を示すのに別の例を出すことにしましょう。「おもしろい」と「つまらない」の区別を考えてみましょう。ぼくらにとって、すごく大事なことですし。どうせ時間をすごすなら、つまらないことよりもおもしろいことをやってすごしたいですよね。どうせ顔を合わせるなら、つまらない人たちよりも、おもしろい人たちと会いたいものです（みなさんのような）。ですが、つまらないかどうかは、人によりけりです。ロクサーナの話がつまらない人たちもきっとたくさんいるでしょう。もちろん、ぼくにとってはおもしろいですけどね。

ロクサーナ　ザック、あなたのニーチェによれば、真理を擁護する人がいちばん少なくなるのは、危険なときではなく、真理がつまらないときだそうですね。私としては、おもしろい虚偽よりもつまらない真理の方が好ましいと思いますが。

サラ　軍事介入を正当化する根拠に、「だって介入しないよりもする方がおもしろいから」なんて言えないよ。

ザック　はいはい。ここでは道徳観の余計なややこしいところをぜんぶ脇においておきましょう。もっと単純な事例からはじめるためにね。ぼくの視点は、こういう具合です――なにかがぼくにとっておもしろいとき、ぼくは「これはおもしろい」と言えます。他の人たちにとってそれがつまらないとき、その人たちは「これはつまらない」と言えます。ぼくにはおもしろくて、彼らにはつまらない。それだけです。絶対的におもしろいかつまらないかを考えるなんて、意味がありません。

ロクサーナ　あることが誰かにとってつまらなかったとして、その人がそれを「つまらない」と言ったとき、彼がまちがいということはありえるんですか？

ザック　まさか、そんなことはないでしょう。つまらない物事とは、なんであれとにかくつまらないもののことですよ。

ロクサーナ　その人にとってつまらない理由が、注意を十分に払ってなかったからだとしても？

ザック　それでも、その人にとってつまらないのは同じですよ。ぼくがもっと注意を払ってみたらつまらなくなかったとしたら、それはぼくにとってつまらなくないんです。

サラ　ザックが一冊、本を執筆したとしようか。わくわくするネタ満載のやつをね。

ザック　その例、いいですねぇ。

サラ　そう言うと思った。少なくとも、いまの部分だけならね。ところが、ここからしょっぱいことになっちゃうんだ。新聞がどっかのジャーナリストに、ザックの本の書評を書かせる。ざんねんなことに、そのジャーナリストはズボラで、しかもつまらないかどうかの境目がやたらと低いところにおかれてるタイプときてる。彼は、ザックの本をぱらぱらめくってみるけど、ほんとに上っ面しか眺めなくて、じっくり読み込んだりなんかしない。で、書評には「ザックの本はつまらない」と書いちゃう。彼の言明は偽じゃないの？

ザック　「偽」とは言いませんよ。誤解を招く表現ではありますけどね。どうせなら、「ザックの本は私にはつまらないが、他の読者にはおもしろいかもしれない」くらい言ってくれれば正直なうえに開かれていますが。

ロクサーナ　どんなものが誰にとってつまらないかを述べる言明は、いまの論点には関係ありませんよ。相対主義にはなんら問題を提起しないのですから。ザックの本が、ほんとうにそのジャーナリストにとってつまらなかったとしましょう。ジャーナリストにとっておもしろかったのだと考えたら、誰がそう考えようと、誤解です。相対主義にとって問題を提起するのは、「誰にとって」と限定を加えないでザックの本を「おもしろい」「つまらない」と言った場合ですよ。

サラ　もちろん、書評の目的は、たんに書評家一人の個人的な反応を表現することじゃないからね。どんな本なのか読者に伝えて、大事なお金を出してその本を買うかどうか判断する材料を提供するのが書評の目的だから。書評家がつまらないと思ったかどうかなんて書かれても、読者にとってはその本がつまらないかどうかの判断材料として主に役立つわけだよね。書評で「つまらない」「おもしろい」って単語がでてきたら、その書評の読者にとってつまんなかったりおもしろかったりするってことを意味するべきだよね。書評家にとってつまんなかったかおもしろかったか、じゃなくって。

ザック　いいこと言いますね、サラ。そういう単語がでてくるときには、話し手だけでなく、聞き手の反応も大事になってくるわけですね。ただ、ぼくの論点は変わらず成立してますよ。だって、読者はさまざまにちがうんですから。たとえ、まだ読んでいない将来の読者候補であってもね。会計の話を聞かされれば、会計士の読者はおもしろがるかもしれませんが、サッカーファンの読者にはつまらないでしょう。

ボブ　サッカーの観戦で会計士のサッカーファンにも四人くらい会ったことあっけど。

ザック　はいはい。でも、大半のサッカーファンは、会計士ではないでしょう。ぼくが言っているのは、一般的な傾向の話ですよ。サッカーファンじゃない会計士と、会計士でないサッカーファンを取り上げることにしましょう。会計士たちにとっては、会計談義はおもしろいのに対して、サッカーファンどうしは「会計談義つまんねえ」で一致しているとしましょう。双方の意見は、ある意味でちがっています。でも、どちらも間違っているわけではありませんよね。そこで相対主義の出番ですよ。

サラ　それって、ほんとの意見の相違には思えないけどなぁ。会計士たちが言ってるのは、「会計談義は会計士にはおもしろかった」ってことでしょ。で、サッカーファンたちが言ってるのは、たんに、「あんなもん、サッカーファンにはつまんなかった」ってことだよね。意見の相違なんてないじゃん。

ザック　そういう限定が必要だと、彼らは気づいていないかもしれませんよ。

サラ　まあ、会計士たちが言わんとしてるのは「会計談義は誰にとってもおもしろい」ってことだったかもしれないけど、それならたんにまちがいだよ。サッカーファンにしても、「あんなもん、誰にとってもつまんねえ」ってことを言わんとしたのなら、やっぱりたんにまちがいでさ。この場合は、どっち側もまちがってる。

ボブ　その会計士がいままで俺が会ってきたような連中だったら、きっと、「誰もが会計談義をおもしろがるべきだ」くらい思ってそうだけどね。サッカーファンがつまらなそうにしてたら、バカで無知なのがわるいとか言ってなじりそうなもんだ。サッカーファンだってさ、俺が知ってるような連中なら、「誰だろうとこんなもんはつまらないと思うべき」って思いそうだな。きっと、会計士どものくすみきった精神をなじるだろうぜ。

ロクサーナ　おもしろいものとは、現に〈いろんな人にとって〉おもしろがられるものではなく、おもしろくなくてはいけないものですね。つまらないものとは、現に〈いろんな人にとって〉つまらなく思われるものではなく、つまらなくてはならないものです。

サラ　双方が言わんとしてるのがそういうことだったら、意見の相違は、会計談義にみんながどう反応するべきかって点にあるんでしょ。だったら、やっぱりどっちもまちがってるよ。なんで会計士がまちがってるかっていうと、会計談義をサッカーファンがおもしろがるべき義務を負ってるわけじゃないからね。サッカーファンがまちがってるのは、会計士には会計談義をつまらないと思う義務なんてないからだよ。

ロクサーナ　サラが義務について言っていた相対主義はどこにいったのです？

サラ　ザックにならって、いっとき脇においてるとこ。

ロクサーナ　安心しました。

ボブ　みんな、魔法に関心をもつべきだよ。危険すぎて、関心をもたずにいるなんてとんでもない。

サラ　みんなが関心をもつだけの価値があるとしたら科学でしょ、魔法じゃなくって。世界中のみんなにとって科学がつまんなかったとしても、それはたんにみんなに好奇心が足りてないってだけでしかない。それでも科学がおもしろいことに変わりはない。誰もその事実を認識してなくってもね。

ザック　「実際の人間にはおもしろくないけどそれじたいがおもしろい」という、その考え方はどうなんです？　ともあれ、「おもしろい」「つまらない」という単語は価値用語と考えると、あまりにややこしすぎて、相対主義のモデルとしてはあまり役に立ちませんね。ここは単純に考えて、〈人にとって〉おもしろいものをおもしろい、〈人にとって〉つまらないものをつまらない、と扱っておきましょう。

サラ　おもしろいとかつまらないってのは、誰にとって？

ザック　それは文脈しだいですよ。こういう単語が使われる場面しだいです。

サラ　じゃあ、会計談義の文脈だと、「おもしろい」と「つまらない」が意味するのは、会計士にとっておもしろかったりつまらなかったりするってことかな。サッカーの文脈だったら、サッカーファンにとっておもしろかったりつまらなかったりって意味？

ザック　それでいきましょう。

サラ　これはもうすんだ話じゃん。会計談義は会計士の文脈だと「おもしろい」し、サッカーの文脈だと「つまらない」ってことなら、まちがいもなければ、意見の相違もないわけでしょ。たんに言葉の問題で。

ザック　共通の文脈で、会計士が「おもしろい」と言ってサッカーファンが「つまらない」と言ったとしたらどうなんです、サラ？

サラ　共通の文脈では、参照群があるんだよ。つまり、どんな反応をするのか考慮に入れられる人たちの集合があるわけ――たぶん、すべての会計士とか、すべてのサッカーファンとかの集合かもしれないし、サッカーファンでもある会計士の集合かもしれないけど、まあ、なんであれ、そういうやつ。

ザック　なるほど。

サラ　そうすると、この参照群に入ってる人たちにとって会計談義がおもしろくないかぎりは、会計士の言い分はまちがいだし、逆に参照群の人たちにとっておもしろければサッカーファンの言い分はまちがいってことになる。でも、この両方は同時に成り立たない。だから、会計士かサッカーファンのどっちかがまちがってる。誰かがまちがってるわけ。

ザック　でも、誰がです？

サラ　そこはどうでもいいんだ。誰がまちがっているにしたって、ザックが望んでいるような、誰もまちがってない意見の相違にはならないってこと。現実には、会計談義を聞いた人たちの反応の標本を採ってみれば、誰がまちがってるのかはっきりさせられるかもしれない。反応が「おもしろい」と「つまらない」にわかれて拮抗してるなら、たぶんどっちも間違ってる。ザックは相対主義の切れ味を示す単純な作業モデルを見つけ出そうとしたけど、うまくいかなかったってわけだね。ちがうかな。

ロクサーナ　ザックが打とうとするヤワなくさびは、あいかわらず折れ続けていますね。

ザック　どうもロクサーナのゲームに乗りすぎましたね。単純明快にしようとやってみたのはいいのですが、教訓は「単純明快にはなりっこない」というところですか。どうやってみても、曖昧模糊として入り組んでいますから。こうして相対主義を求めて模索してみてわかるんですね。いつも決まって、単純明快な言明をすり抜けてしまう。これは、人生の豊穣さのしるしでしょう。単純明快な考えは、罠なんですよ。

サラ　古くさい因習も、そんな調子で擁護できちゃうけどね。それって、「絶望のすゝめ」でしょ。科学を知れば、単純な法則で複雑な現象が説明できちゃうってことがわかる。きっと、完璧に明瞭で単純な説明は成し遂げられないんだろうけど、でも、だからって完璧に向けて努力すべきじゃないってことにはなんない。

ザック　真理に近づけば近づくほどいいと仮定しているのは変わらないんですね。ぼくとしてはそこに異議を唱えてみたいです。ときに、よりいっそうあいまいでいっそうややこしくなった方が理解の深みが増すことがありませんか。

ロクサーナ　曖昧模糊としたややこしい話を好む人たちは、いつも、「自分はもっと深く理解している」と自分に言い聞かせているんでしょう。

サラ　科学では、世界は曖昧模糊のややこしいことだらけなのを認識してるけどね。科学はそういうことを尊重するんだ。第一歩として曖昧模糊としてややこしいことを注意深く観察して正確に記述してやる。それから、現象の基底にあるパターンをつきとめて説明する——そこにこだわるわけ。その方が、ただひたすら曖昧模糊としてややこしいかたちで議論するよりも、はるかに正当な扱いができる。さっきの例を挙げたのは、ザック、キミだったよね。で、相対主義を避けた明快で単純な理解のしかたを、キミは反駁できなかった。

抽象的な「悪しき行い」の認識

ザック　ですが、あなたはどうなんです？　いまのあなたはどういう立場で語ってるんですか？　さっきまでは、サラは道徳的な問いを相対化していましたよね。科学的に決着がつけられないからと言って。ですが、いまサラは、まるで飼い猫が勝手にくわえてもってきたエモノみたいに相対主義のことを語っていますよね。

サラ　正直言うと、よくわかんないんだ。限定的な相対主義も、いまじゃあたしには見込みがありそうに思えないし、かといって他になにか見込みがある説もないってのが正直なところ。科学のことを考えると、道徳の議論は現実の記述としてはまじめに受けとるわけにいかないけど、さっきの女性みたいに小さな男の子をひっぱたいてるのを見ると、道徳の議論を避けて通るわけにもいかない。少なくとも、いまのあたしのぐにゃぐにゃした考えで、「はい、これが問題の答えでございい」なんて、うそぶく気にはなれないな。

ザック　サラが言う「ぐにゃぐにゃした考え」は、サラの語感では「答え」にならないのかもしれませんが、それがサラなりの問題とのつきあい方なんでしょう。ひとつ、道徳論議をまじめに受けとって、それでいて現実の記述だとは考えないのはいかがです？　道徳論議は、そもそも現実の記述を意図していないんですし。道徳論議は、現実を記述するのではなくって、現実を変えるよう意図されているんですよ。おしゃべりばかりでなんの行動もないなら、道徳がなんの役に立ちます？　「子供をぶつのはまちがいだ」は、人々が子供をひっぱたくのを止めるように意図されてるんですよ。

サラ　それじゃまだあたしは納得しないな。もしさっき、「自分は正しい、あの母親は間違ってる」って思ってなかったら、わざわざ詰め寄ってやめさせたりはしなかったはずだもの。

ボブ　大いに役立ちましたなー。

サラ　少なくとも、がんばってはみたし。

ザック　さきほどサラは、相対主義から必ずしも寛容は導き出されないと主張してませんでしたっけ？

サラ　いま話してるのは、なにがしかの混乱した哲学説からどんなことが導き出されてどんなことが導き出されないかってことじゃないよ。さっき母親のところに割って入ったのだって、あの母親が子供をひっぱたくのは間違ってるのを自分は知ってると思ったからだよ。この「知ってる」ってのは、あの母親が子供をひっぱたいたのを知ってるのと同じ程度のことね。もし、「自分は知ってる」と思ったのが錯覚だったたなら、さっきの行動の動機は弱められるよね。

ザック　では、サラは道徳的な真理と並んで、道徳的な知識も求めているわけですか。

サラ　そう。でも、まだどっちつかずなんだよね。正しいことと間違ってることがいったいどうすればわかるのか、あたしには見当もつかない。ただ、「子供をぶつのはまちがいだ」ってのが、たんに子供をひっぱたくのをとめる命令にすぎないとしたら、その命令にはどんな権威があるんだろ？　どうしてこの命令に従うべきってなるの？

ザック　その命令を下している当人がサラ、あなたじゃないですか。

サラ　そうなんだけど、自分はただ命令に従っているだけだって言ってみても、その命令を下してるのが自分なんだから、それでいきなり立派な理由ができるわけないよね。

ザック　我が子をぶつなと相手に言うのは、たとえば強制収容所の兵士がやったこととは比べようがありませんよ。

サラ　そりゃそうだよ。普段なら、その二つの道徳的なちがいはすっかりよくわかってるって、あたしも言うよ。だけど、いったん「自分に道徳的な知識があるか」って疑いはじめると、足下がおぼつかなくなる。相手の意思に反して、他人さまの生活に割って入るだけの妥当な正当化らしきものが見当たらなくなっちゃうんだ。

ロクサーナ　道徳的な知識は手に入れがたいと思うのはどうしてです？

サラ　ちょっと考えてみたらそうなるんだよ。誰かが誰かをひっぱたいたのを知ってるってことと、それが間違いだと知ってるってことは、大違いだし。ひっぱたくのは、物理的な出来事だよね。正常な視覚のプロセスがはたらいて、あたしの脳内にいろんな効果をおよぼす。つまり、ひっぱたくのを見て、それが起きたのを知るわけ。ひっぱたくのがまちがいだってことは、物理的な出来事とはちがう。目に見えないし、他の感覚でも知覚できない。じゃあ、ひっぱたくのはまちがいだって、どうやってわかる？

ロクサーナ　誰かが誰かをひっぱたいたのを知るのにも、ひっぱたくところを見たときに、それをそのように認識できねばなりませんよ。

サラ　そりゃまあね。なにか出来事を見たときに、ひっぱたいたのかそうでないのか分類できる。

ロクサーナ　明るいところだったら、十分にしっかりと分類できるよ。

サラ　サラは、ある出来事を見て、それを悪しき行いに分類したわけでしょう。明るさは申し分なしでしたね。それとも、悪しき行いだと認識しなかったのですか？

ロクサーナ　そりゃ、見れば悪い行いだって認識できればいいと思うけどさ。でも、いったいそんな能力を自分がどうやって発達させられたのかわかんないし。

サラ　平手打ちと悪しき行いのどういうちがいが、ここでは問題だとみているんです？

ボブ　平手打ちは、だいたいどれも似たり寄ったり同じようなもんでしょ。でも、悪い行いはそうじゃない。

ザック　俺ぁ、いろんな平手打ちを見たり聞いたりしてきたけどさ、ずいぶんちがうもんだよ。どれくらい強くぶつか、どのあたりをぶつか、誰がぶつのか、誰がぶたれるのか、あれこれちがいがある。

サラ　それに、視点によっても平手打ちの見え方はちがってきますしね。

ロクサーナ　それでも、お互いに物理的に類似してるでしょ。悪い行いはそうじゃない。身体的虐待と精神的虐待じゃ、目にも耳にもまるっきりちがうし。

サラ　総称的な物理的類似性ぬきでも、出来事を分類できますよ。サラはチェスをやりますか？

ロクサーナ　たまにね。なんでそんなことを聞くの？

サラ　チェックメイトは、見ればチェックメイトだと認識できますよね。あの盤面この盤面、さまざまなチェックメイトの事例がすべて共通の物理的類似性をもちあわせているでしょうか？

そうでもない、かな。チェックメイトによっては、別のチェックメイトよりもチェックメイトじゃない盤面の方に似てることだってあるね。駒の数や配置はさまざまにちがってるし、駒そのもののつくりだってちがってたりするし。ぜんぶ漫画の登場人物をかたどってるチェスセットも見たことあるよ。ロクサーナの言うとおり、知覚ではもっと抽象的なパターンも識別できるわけだ。でも、それだけじゃ、悪い行いも見ればそれとわかるとはならないよね。悪い行いかどうかは、チェックメイトよりももっとずっと多くの背景要因に左右される。たとえば誰かが重婚をやってるとして、合法な婚姻と見た目はまるっきり同じってことだってあるし。

ザック　合意した成人どうしが重婚をすることの、なにがまちがっているんです？

サラ　その合意とやらが、たいていは事情を承知のうえでなされてないから。ともあれ、あたしの論点にロクサーナがなんて言うのか聞いてみたいな。

ロクサーナ　もっと身近な例を使いましょう。みなさんは、あれこれの出来事を、悪しき行いとされるものかそうでないか分類できますね。ここで言う「悪しき行いとされるもの」とは、悪しき行いとあなたが呼ぶであろう出来事のことであって、実際に悪しき行いであるかどうかを問いません。

サラ　もちろん、それならできる。自分の反応が近いかどうかに基づいて、そうやって分類できる。道徳的な不同意を感じたり、感じなかったりするね。

ロクサーナ　間違いなく。

サラ　でも、いま肝心な問題って、そういう道徳的な不同意や是認の感覚が正しいって保証があるかどうかだよね。

ロクサーナ　その問いは後回しです。さしあたっては、サラの感覚が正しいという保証があると仮定しておきます。ここでは、ただたんに、サラにはそういう感覚があるということにしておきましょう。私の論点に、異論の余地はないはずです。悪しき行いとされるものとそうでない出来事とで、サラの反応は異なります。そうした出来事を悪しき行いとサラが呼ぶのも、そうした反応の一つです。平手打ちと比べて、悪しき行いとされるものは、サラの脳への入力においてすでにきわめて抽象的なパターンをつくっています。サラが「身体的な虐待」と呼ぶ事例は、サラが「精神的な虐待」と呼ぶ事例とは目で見ても耳で聞いても大きく異なります。〔それでも〕悪しき行いとされるものを、サラは認識できる。すると、「悪しき行いはあまりに抽象的なパターンを形成しているので自分には認識できない」と言うのは、愚かしいでしょう。

サラ　でも、悪い行いは、いわゆる悪い行いと同じじゃないでしょ。ときどき、分類をまちがうことだってあるし。背景事情について間違ったことを知らされていたら、重婚なのに合法な婚姻関係だと取りちがえることだってあるかもしれないし、その逆に合法な婚姻関係なのに重婚だと間違えることもあるかもしれない。いわゆる悪い行いのなかには、悪い行いじゃないやつもあるし、悪い行いのなかには、いわゆる悪い行いではないやつもある。

ロクサーナ　もちろんそうですとも。その点を否定した覚えはありませんよ。もっと注意して話を聞いていただかなくては。いま私がやった比較の要点は、たんに次の点にあります——悪しき行いと悪しき行いとされるものは、脳への入力において同じような抽象度のパターンをつくっているのですよ。悪しき行いとされるものによって形成されるパターンにサラの脳は感応するのですから、悪しき行いが形成するパターンは抽象的すぎて自分の脳にはとらえられないなどと言わないでいただきたいですね。

サラ　誓って言わないよ。

ロクサーナ　結構。

サラ　信頼性がまだ気になるんだよね。あたしが悪い行いと呼ぶものとほんとに悪い行いの間に、そもそもいくらかでも信頼できる相関をどうやって打ち立てうるのかなって。

ボブ　正しいことと間違ったことの見分け方をかーちゃんやとーちゃんに教わらなかったの？

サラ　そりゃもちろん教わったけど、あたしの道徳観は両親とそっくり同じなわけじゃないし。ともあれ、その両親にしてもいったいどうやって道徳観を知ったんだろ？　それぞれの世代が前の世代から道徳観を引き継いで次に引き渡してるんだとしたら、最初の世代はどうはじまったんだろ？

ボブ　サラならどうせ進化したって言うんだろ。

サラ　そりゃまあ、あたしたちに道徳観があるなら、なんらかのかたちで進化したにちがいないんだけどね。でも、どうして道徳観が進化で選ばれたんだろう？　進化は正しいかまちがってるかなんて気にしないでしょ。ただひたすら、生存と生殖への適応度だけを気にするんだから。

ボブ　進化はべつになにかを気にかけたりしないんじゃ？

サラ　もちろん。厳密に言えばね。でも、正しいこととまちがったことを区別する能力がどういうかたちであたしたちの進化的な適応度を高めることになったのかなって。

ボブ　人がいっしょに生きる助けになるんじゃないの？　お互いに殺し合ってたら、生存できないじゃん。同種で殺し合う動物がどれだけいる？　それが進化だって考えるしかないだろ。人間は大半の動物よりひどいんだ。

サラ　人殺しの禁止がどうして進化してこられたのかはわかるよ。でも、なんでそれが進化してきたかっていうと、人殺しは種の生存にとって不利にはたらくからであって、べつに人殺しがまちがってるからじゃないでしょ。もしかしたら、ほんとは殺人は正しいのかもしれない。でも、あたしたちは人殺しはまちがってるって考えるように進化してきたし、人殺しをしないように進化してきたわけで。ほんとのところは定かじゃないけど、あたしたちが言う「悪い行い」は、ぜんぜん悪い行いじゃないのかもね。悪い行いを間違って同定するように進化してきたのかもしれない。

ロクサーナ　よく知りませんが、私たちが「平手打ち」と呼ぶものは、本当は平手打ちではない、とは主張しないのですか？　平手打ちをまちがって同定するように進化した可能性はありませんか？

サラ　ないよ。そんなの馬鹿げてる。

ロクサーナ　どこがちがうのです？

サラ　あたしは物事全般について懐疑論者なわけじゃないから。たんに、道徳的な性質について気にしてるだけ。たとえば正しさと間違い、よしあしみたいな性質をいまは考えてるだけ。

ロクサーナ　そうした性質が特別な理由は？

ザック　ロクサーナもサラも、目を覚ましてくださいよ。道徳観は社会によってもちがいますし、個人どうしでも、時代ごとにもちがいます。しかも、調停不可能なまでにちがいます。このことから、道徳的な性質がこの世界に存在するのではないのは明らかじゃないですか。植物学者が植物を同定するようにぼくらに同定されるのを道徳的性質が待ち構えている、なんてことはありませんよ。

サラ　科学にだって、調停不可能なちがいはあるよ。ボブは、魔法を信じる気持ちをけっして変えたりしない。

ボブ　サラだって魔法を信じない気持ちを変えようとしないじゃん。

サラ　魔法に関する真偽は知りうるでしょ。それに、科学者たちや宗教原理主義者たちのあいだで進化に関して調停不可能な見解のちがいがあるからって、進化の筋書きの真偽を知ろうとするのを科学者たちはあきらめたりはしない。ただ、道徳観にはなにか特別なところがあって、そのせいであたしは懐疑的になりたい誘惑にかられてるけど。道徳観をどれくらいうまく説明できるのか、あたしにはよくわかんない。自分たちの環境に起こるパターンに対する反応に、あたしたちは「正しい」とか「まちがい」という単語をあてがう。ちょうど、「平手打ち」とか「チェックメイト」とか、いろんな単語を使うのと同じようにね。でも、「正しい」や「まちがい」は、行動の導き手になるって点で特別なんだ。ある行動を「正しい」と言えば、それで青信号がつく。「ススメ」って。逆に「まちがい」って言うなら、赤信号がつく。「止マレ」だね。

ザック　それならさっきぼくが言ったじゃないですか。道徳的な言説は行動を導くのであって、世界を記述するわけじゃないって。

サラ　ちがうよ。両方ともやるんだから。そこが問題なんだ。両方やるとなると、ある行動を「正しい」「間違い」と言うことの原因と結果に齟齬が生まれるリスクがある。

ボブ　どういうこと?

サラ　具体例で説明してみるね。女性が教育を受けるのはまちがいだって考える人が、世間にはいるよね。現実に、女性が教育を受けるっていう行動がある。その人たちは、これを目の当たりにしたときに教育を受けてるって認識する。

ボブ　そらまあ、生徒が男子なのか女子なのか、見りゃわかるわな。

サラ　だけど、いまあたしが例に出してる人たちが女の子の教育を見たときには、そうやって目の当たりにしたことで、「これはまちがいだ!」って発言が引き起こされるわけでしょ。だとしたら、彼らの判断には結果がともなう。つまり、その人たちが女子の教育を止めようとするって結果がともなう。だって、赤信号がともったわけだからね。すると、彼らの判断には原因と結果の齟齬があるよね。だって、女性を教育するのを止めるべきだってなってるわけでしょ。この人たちによる道徳用語の当てはめ方は、不適切な因果のつながりを立ち上げてしまう。あたしにとって問題なのは、道徳判断の原因と結果にあるこの全体的な齟齬を生まないにはどうしたらいいのかわかんないってことなんだ。なにも、女性教育反対派だけにかぎらず、あたしたちみんなの道徳判断の話としてね。

ロクサーナ　その問題なら、道徳論議にかぎられませんよ。なすべきことに関するすべての論議にまで広く当てはまりますから。

サラ　どういうこと?

意思決定のなかの道徳的判断

ロクサーナ　どんなものでも実践的な問題を解決するとき、人々はなすべきことを議論しますよね。なんら倫理問題が関わっていない事柄であっても。それでも、なすべきことを判断するときの原因と結果には不適切な関係がありえます。

サラ　橋を架けようってときにエンジニアがなすべきことを判断するのに懐疑的になってたらばかばかしいでしょ。

ロクサーナ　では、こうした事例にまでサラの懐疑論が一般化されるのを、どうやって食い止めるので？

サラ　ちょっと考えさせて……もしかして、ちがいはこんなのかも。エンジニアは、条件付きで語ってるよね。つまり、橋が落ちないように望んでいる場合になすべきことを語ってる。これは、目的に対する手段の問題。道徳的な禁止はそれとちがう。道徳的な禁止は、無条件であることを意図されてる。目的に対する手段についての話じゃないんだ。さっきの女性が子供をひっぱたいてたのはまちがいだけど、これは、たとえ彼女が息子を痛めつけたいと望んでいたとしても、やっぱりまちがいに変わりない。それどころか、息子を痛めつけたいと望むなら、いっそう悪い行いになる。

ボブ　いまのを俺が正確に理解できてたらの話だけど――できてないっぽいけど、まあ、ともあれ――ふつうの実践的問題について考えるのと、正しいかまちがいかについて考えるのと、どうやってきれいに線引きできる？　「きれいに花を咲かせたいならこのバラを剪定しなくちゃいけないぞ」って考えたってしょうがない。それだったら、べつにバラをまるごと処分するつもりでいるときにだって考えられるだろ。考えるなら、無条件に「このバラを剪定しなくちゃいけないぞ」じゃなきゃダメだ。「もしも〜なら」とか「でも」とかいっさい抜きでね。そう考えなきゃ、いつまでたってもケツをあげて庭先にでてって剪定しないまんまだ。

サラ　ちゃんと理解してくれてるよ、ボブ。言わんとしてることはわかった。「もししかじかだったら、これこれだ」みたいにしか考えないとしたら、ぜんぜん意思決定にならないわけね。たとえ倫理問題が絡んでなくっても。なすべきことを決めるためには、「もし」をとっぱらわなきゃダメなんだ。でも、実用的な根拠で行動するのと、道徳的な根拠で行動するのにちがいがあるってことは変わりないけど。

ボブ　実践的なことと道徳的なことを、頭んなかで別々の場所にしまいこんでおくんだとしたら、いったいどうやってなすべきことを決めるの？　両方をいっしょにしておかなきゃだめじゃん。たとえばバラが俺じゃなくって他人のモノで、その人は花を咲き誇らせたくないと望んでいたとしたら、どんなに俺がきれいに花を咲かせてやりたいとのぞんでいて、しかも俺が手を出さないかぎり花は咲かないとわかっていたとしても、俺がバラを剪定するのはまちがいだろ。

サラ　たしかにそのとおりだね。なすべきことを決めるときには、実践的な考慮事項と道徳的な考慮事項をいっしょに組み合わせなくっちゃダメなんだな。別々に仕切っちゃうと、いざ行動をとろうってときに、どっちかが手出しできなくなっちゃうわけか。

ロクサーナ　すると、サラが言う道徳的な思考は、意思決定のシステム全体で枢要な部門を占めているわけですか？

サラ　うん。そうじゃないと、道徳的な思考が無意味になっちゃうから。

ロクサーナ　サラの懐疑論は、道徳的な部門だけに当てはまるのですか？　それとも、システム全体にまで当てはまるので？

サラ　システム全体について懐疑的になるって、どういうこと？　そのシステムは、意思決定をするんであって、予測をするわけじゃないよ。

ロクサーナ　なにをするか、なにをしないか決めるとき、すべきことやすべきでないことについて、なんらかの結論にたどりつくわけでしょう。他人のバラを剪定しないと意思決定する際に、「バラを剪定すべきでない」という結論にボブはいたりましたよね。ボブの結論が真なのは、そのバラの剪定がすべきでないことだったときであり、そしてそのときにかぎられます。また、これが偽なのは、バラの剪定がなすべきことだったときであり、そしてそのときにかぎられます。私がサラに聞きたいのは、サラが懐疑しているのはボブの結論部分なのか、それとも、結論が依拠している道徳的な前提についてだけなのか、という点です。

サラ　ああ、なるほどね。道徳的な前提に結論が依拠してるとしたら、前提を疑うなら結論まであやしまなきゃダメってわけか。大事な部門が機能不全をきたしたら、システム全体もうまく機能できなくなるわけね。あたしたちの道徳的な価値は意思決定のシステム全体で大事な部門を占めてるから、もしあたしが道徳的な価値について懐疑的になったら、意思決定全体についても懐疑的にならなきゃいけないんだな。

ボブ　また話についていけなくなっちまった。どうして道徳的な価値から機能不全になりうるの？

サラ　たとえば、衣服の着用を禁止する道徳コードがあったとしたら、たんに道徳的に問題のある行動にいたるだけじゃなくって、実践的な面でも生活がたいへんなことになっちゃうよね。

ボブ　冬になったら凍え死んじまう。

ロクサーナ　それで、サラは意思決定全体について懐疑的なので？

サラ　それはちょっと過激すぎるだろうね。人々は、毎日次から次に意思決定をだいたい正しくやれてるっぽいから。たしかに、ときどき自滅的な行動をとっちゃうこともあるけど、たいていはそんなことをせずにすんでる。やっぱり、道徳的な価値についてあんまり懐疑的にならない方がいいのかな。

ザック　サラのようなマチガイ主義者が人間の意思決定全体について懐疑的になるのが、どうしておかしな話なんです？　これまで首尾よく行動してこれた実績は、誇ってもいいんじゃありませんか、サラの視点から見て。

サラ　それはないよ。あたしたちは、なにをするか意思決定するときにたくさん間違いをやらかす。これはわかりきったことだよね。でも、毎日の単純な意思決定をだいたい正しくやってるのも明らかだよね？

ザック　「明らか」？　たんに自画自賛しているだけでは？

サラ　それよりいいことだよ。どんな種も、なにをするかの意思決定で個体がこんがらがっちゃってたら生き残れないよ。ネズミは、毎日の実践的な意思決定でかなりうまくやってる。なんで人間がそれより劣ってるはずがある？

ザック　ネズミは道徳を気にしなくてすみますからね。善悪未満で暮らしてるんですよ。

サラ　じゃあ、道徳観があると、すぐれた意思決定の邪魔になるってこと？　まちがいなく、それって話がややこしくなるよ。でも、進化を見れば、道徳的な価値の効果がそうむちゃくちゃに自滅的じゃないってことはわかるんじゃない？　あたしたちヒトはこれまで生き延びてきてる。だから、そんなに意思決定がダメなはずがない。たとえ道徳観の重荷があったとしてもね。するべきことについて、ただの偶然よりいい確率で偽な結論を避けてるにちがいないよ。

ザック　その点は認めましょう。純粋に実践的な視点とでもサラなら呼ぶだろう視点から見て、ぼくらはネズミより意思決定が下手なわけではない。そこはいいです。ですが、さっきおっしゃっていたことを踏まえると、「真な」道徳観とされるものに照らして、ぼくらの意思決定が破滅的に間違っているという可能性はどうやって除外できるんです？　サラの視点から見て、どの道徳観がぼくらヒトの種に集団自決をするように言ってないか、どうしてわかるんです？

ボブ　それなら俺は不道徳の方がいいなぁ。

サラ　ザックは、二つのまるっきり別々な視点をあたしがとってると仮定してるよね。つまり、純粋に実践的な視点と、道徳的な視点の二つがあるんだろうって思ってるでしょ。さっきボブが言ったように、それだと、なにかこれからすることを決めなきゃいけないときにうまく機能しないんだよ。だから、二つを単一の視点に統合してるわけ。たとえばボートが一隻ほしいなとあたしがのぞんでいるとして、道徳観から、自分はボートを盗めないと告げられるし、実践的な観点からは、自分でボートをつくれないってことも告げられる。そうすると、あたしとしては盗むのでも自作するのでもなくって、買うしかないってなる。

ボブ　ボート買えるお金はあるんだ。

サラ　お金の話も、実践的な考慮事項だね。ともあれ、なにをするか決めるとき、あたしたちは道徳的な考慮事項と純粋に実践的な考慮事項をいっしょに考えてる。他人の意思決定や自分が過去にやった意思決定を値踏みするときにも、同じようにやってる。なにをすべきだったのかについて下した意思決定が正しかったのか正しくなかったのか判断するよね。

ザック　それって、そっくり同じ意思決定プロセスを二回繰り返して、それが正しいにちがいないと言っているだけなのではありませんか？

サラ　ううん。後知恵の効用ってものがあるから。結果がわかってから、それをふまえて後から意思決定を判断するわけ。これは〔やる前の意思決定とはちがう〕独立のチェックだよ。

ザック　それでも、最初の意思決定で使ったのと同じ道徳的価値で結果を判断しているわけでしょう？

サラ　それはそう。ただし、初回のときと心変わりしてなければね。変わってなかったとしても、だからって、初回の意思決定が正しかったと後知恵でも判断することになるとはかぎらないし。行動の結果を見て、あれはまちがいだったってわかることもあるよね。そこは科学と似てる。実験結果を解釈するのに科学を使うけど、だからって、実験結果で自分たちの理論が反証されたと認識されることがないってことにはならない。

ザック　科学と意思決定の類比はサラのお気に入りみたいですね？

サラ　うん、気に入ってる。科学では、理論全体で決定的に大事な部分が救いようなくまちがってるとき、その理論全体からなにかまちがった予測がでてくる。そのまちがった部分を単体で検証できないときにも、これは機能するわけ。同じことは、意思決定にも当てはまる。で、道徳的な価値は、意思決定の決定的に大事な部分を占めてる。

ボブ　車と似た話に聞こえるな。

サラ　ある意味、似てるね。道徳観はちょうどブレーキみたいなものなんだ。カーステレオじゃなくって。道徳観は特定のことをしないように告げる。たとえば、人殺しはするな、って。これは、あってもなくてもどうでもいいオマケとはちがう。

ボブ　その喩えはわかったよ。でも、俺らの意思決定がどうして科学と似たようなもんだってことになんの？　方程式なんてどこにある？

サラ　意思決定はおおざっぱに手早くなされるね。なにしろ、日常生活は科学実験ほど統制されてもいないし、ずっとごちゃごちゃしてるし、それに、日常の思考は科学理論ほど体系的でも明示的でもないからね。でも、同じ一般的な原則が当てはまる。もちろん、意思決定にはいろんな欠陥や間違いが入り込むのはわかってる。一回くらい日常の予測が反証されても驚いたりしないでしょ。

ボブ　反証された予測ってどんなん？

サラ　どんなのでも、はっきりとまちがってる意思決定のこと。たとえば、魔女を火あぶりにする、とか。

ボブ　その話はもうよしとこう。

サラ　ともあれ、意思決定と科学の類推が成り立つのは変わりないよ。なすべきことを決めるのにかけて、あたしたちがまるっきり無能ってことはない。その意思決定は、道徳的な信念に左右される。だから、あたしたちの道徳的な信念が救いようがないほどまちがってるってことは、まずありそうにない。

ザック　くどいですが、道徳観をめぐる調停不可能なまでの相違をお忘れなく。

サラ　繰り返してもらわなくてもいいよ。ザックが言うような道徳的な意見の不一致からわかるのは、大半の社会や個人が——たぶん全部じゃないでしょ——なんらかのまちがった道徳的信念をもってるってことだよ。この件には、異論を挟まないよ。とにかく、さっき気になってたシナリオへの反論をいまあたしは言ってるだけ。つまり、あたしたちの道徳観が真偽となんにも相関がないんじゃないかって疑惑に反論してるわけね。ふつうの人間どうしで道徳的な意見の不一致があっても、べつに、そのシナリオを確立させるほど極端な事態じゃない。

ロクサーナ　科学をめぐっても、調停不可能な相違がありますよね。

ザック　言わせてもらいますが、サラ、道徳的真偽の話や、道徳観と科学の類比は、ぼくにはとても不適切に思えますよ。道徳観は、ただの冷たい非人格的なものとはちがいます。道徳観とは、他者を気遣ういろんな方法のことですよ。

サラ　火あぶりにして焼き殺したり？

ボブ　サラって気遣いの達人だよな、ザック。

サラ　気遣いはさておき、ザックに対抗して提案を言ってみようかな。ザックのおかげで、道徳観と科学の類比をもっと広げてみる気になったよ。長期的には、科学はみずからのまちがいを正す傾向があるんだ。それと同じことは道徳観にも当てはまる。長期的には、道徳観もみずからのまちがいを正す傾向がある。あたしは楽観的なんだ。科学の進歩と同じく、道徳の進歩をあたしは待ち望んでる。

ボブ　たとえばどんな？

サラ　奴隷制は間違ってるってあたしたちは学んだよね。

お別れの前に

ロクサーナ　いい方向かわるい方向かはともかく、サラは出発点からずいぶん遠くまで来ましたね。

ボブ　俺らみんなそうだよ。長旅だった。

サラ　で、これだけ時間をかけてみても、相対主義はにっちもさっちもいってない。

ザック　それがサラの考えですか。ぼくの視点から見れば、この間ずっと相対主義はうまくやれてますよ。さて、みなさん。お知り合いになれて、ほんとに楽しかったです。でも、この旅が終わる前に、車両の向こう側で急いですましたいことがありまして。ロクサーナ、いつかあなたを論理の拘束から解放してさしあげる日がくるのを願ってます。

ロクサーナ　まるで、私の骨格という拘束から解放してあげましょうとでも言うような申し出ですね。

ザック　サラ、科学がすべてを説明できるわけではないことをいつか認識される日を楽しみにしています。

サラ　科学が何もかも説明できないことをこれほど多くの人が願っ
、
て
、
る理由も、いつか科学が説明してくれるよ、ザック。

ザック　ボブ、足がはやく治るといいですね。それに、お隣さんとわかりあえる日がくるのを祈っています。

ボブ　魔女なんぞと通じ合うのは、願い下げだけどな。

ザック　できればその言葉を脱構築したいところですが、急がなくてはいけないので。ではごきげんよう、ロクサーナ、サラ、ボブ。

サラ　さよなら、ザック。

ボブ　じゃあな。

サラ　あわれなザック。結局あんまり正しく理解しないままだね。

ロクサーナ　ザックはいつでも正しく理解しているんですよ、彼の視点から見れば。

サラ　あたしたちの視点からも正しく理解しようとがんばってはくれてたよ。そこがうまくできなかったんだけど。

ロクサーナ　ザックは私たちの視点から正しく理解していましたよ、彼の視点から見て。

ボブ　「だつこーちく」ってなんのこと？

ロクサーナ　ザックは、言葉でやり返すのが大好きだと言ったんですよ。

サラ　ほら、あれ！　ザックがさっきの黒服の女性に話しかけてる。

ボブ　あの魔女か。

サラ　そう、彼女。

ボブ　ほらやっぱりザックの髪の毛を引っこ抜きやがった。呪いをかけられた様子は？

サラ　機嫌よさそうに話してる。あれも呪いってことになるの？　あ、バッグのなかを二人でのぞき込んでるね。笑ってる。

ボブ　わるい予兆だな。

サラ　彼女こそ魔法にかけられてるみたい。

ロクサーナ　ようやく、例の中古車の買い手を見つけたのでしょう。

サラ　彼女、ぼったくられなきゃいいけど。

ボブ　中古車が壊れたら、また列車を使えばいいさ。

サラ　すごいね、定刻どおりに着きそうだ。

ロクサーナ　いいえ、一分遅れですね。

サラ　だんだん暗くなってきたね。

ボブ　減速してる。もうすぐ駅に到着かな。

サラ　あそこの木から飛び立った鳥、見えた？　なんだろ？

ボブ　ふくろうっぽかったな。

第Ⅳ部のふりかえり

最後の第Ⅳ部では、子供を母親がひっぱたくのはよいのかどうかという問いをきっかけに、道徳的な正しさについて相対主義をとるかどうかが議論されました。問題になっている道徳的な正しさは、次のような言明で言い表される事柄です。

「母親には、自分の子供をひっぱたく権利がある。」
「母親は、自分の子供をひっぱたいてよい。」
「子供をひっぱたく母親をとめるべきである。」
「子供をぶつのは間違いだ。」

こうした道徳的な正しさにかぎっては相対主義をとるとサラは宣言しました。それがどれくらいうまくいったのか、彼女の考えの進展をふりかえってみましょう。

まず、早々に、道徳的な言明についても真偽を言うようにサラは考えを変えました。「自分の視点から見れば、子供をぶつのはまちがいだ」と言うだけでは、第Ⅰ部で見たのと同じ相対主義の難点におちいるようです。

道徳的な事柄からいったん離れて、人前でゲップをするのは無作法かどうかといったマナーやエチケットはどうでしょうか。「ある文化ではゲップは無作法である」「別の文化ではゲップは無作法でない」といった言明は、それぞれに真偽が言える言明で人それぞれの視点に相対的なものではない——サラはこのように答えます。

これに対して、道徳的な言明は、文化で相対化されないのだとサラは言います。現にどこかの文化で奴隷制が続いていたとしても、「その文化では奴隷制は正しい」で終わらず「奴隷制は正しくない」と言えなくてはならない、というわけです。

また、人それぞれにおもしろがったりつまらなく思ったりするものが異なるのも、相対主義のように見えてそうではありませんでした。「会計談義はおもしろい」といった言明は、実のところ、「会計士にとって」「サッカーファンにとって」「その場にいる人たちにとって」などなどの参照群に照らして真偽が問われているのであって、同じ事柄について真偽がちがっているわけではないのが、その理由です。相対主義であれば、「会計士にとって会計談義はおもしろい」について、「それは人それぞれの視点で異なる」と言うところでしょう。

道徳的な言明はそうしたものとは異なるらしい——ぼんやりとですが、四人の議論は道徳的な言明の特徴にせまっていきます。

道徳に限定して相対主義をとる理由に、サラはこんなことを挙げていました——道徳的な価値は観察も計測もできない。明らかに、道徳的に正しい・まちがっているという事柄は、物理的な性質ではありません。しかし、一般に、物理的でないものが人それぞれの主観によってまちまちに異なる相対的なものかといえば、必ずしもそうではありません。たとえば、チェスのチェックメイトは人のルールのうえで成立する抽象的な状態であって、物理的な状態ではありません。しかし、チェックメイトが成立しているかどうかは、人それぞれによって異なるわけではありません（チェスを理解しているかぎり）。「この盤面で、チェックメイトが成り立っている」については、真偽が言えます。同様に、本当に悪しき行いであるかを脇におくと、私たちは個々の行いを見て「これは悪しき行いだ」「これはそうではない」と分類できますし、さらに、誰かが悪しき行いだと考えるだろうものもそれと認識できます。

そして、「これは正しい」「これはまちがっている」という記述は、同時に、実際になにをしてなにをしないかを導きます。人々の意思決定に関わってくるわけです。意思決定に関わる推論のなかで、「〜すべきである」「〜すべきでない」といった言明も、さまざまな前提から導かれます。会話中に、ボブはこんな例を挙げていました。

「きれいに花を咲かせたいならこのバラを剪定しなくてはいけない。」
「きれいに花を咲かせたい。」
「ゆえに、このバラを剪定しなくてはいけない。」（P）

最後の結論部分Pは「〜しなくてはいけない」というかたちになっていますが、道徳的な言明ではありません。バラをきれいに咲かせるという目的に対する手段として剪定が必要だと言っているだけです。他方で、次の推論は道徳的な前提から出発して、道徳的な結論を導いています。

「他人が所有するバラは、同意なく剪定してはいけない。」

「このバラは他人が所有するバラである。」

「剪定する同意を所有者から得ていない。」

「ゆえに、このバラは剪定してはいけない。」（Pの否定）

こちらの結論は、さきほどの結論Pと矛盾したかたちになっています。しかし、もしも道徳的な判断・言明を特別扱いして一連の意思決定で他の判断・言明から隔離させていると、PとPの否定が両方とも併存するかたちになり、意思決定が終わりません。ということは、意思決定のなかで道徳的な判断・言明も他の各種の判断・言明といっしょに扱われているはずです（たとえば、「自分の意向よりも道徳を優先しなくてはいけない」といった前提を加えることで）。また、一連の推論のなかで、かりに道徳的な判断・言明が正しいかどうか疑われる場合、結論の正しさも疑われることになります。それでは意思決定のプロセス全体が機能不全を起こすのではないか——こうして、道徳的な判断・言明を特別扱いしない理由をまたひとつ、サラは見つけ出しました。

謝辞

このプロジェクトで、妻の Ana Mladenović Williamson は、最高に啓発的な支援者にして、最高に容赦ない批評家をつとめてくれた。また、大勢の友人たちにもお力添えいただいた。Ritchie Robertson、Katharine Nicholas、Jennifer Nagel、Amia Srinivasan、Arno Washk からは、全編にわたって詳しいコメントをいただいた。また、Ema Mimica、Marjanca Pakiž、Dušanka Nikolić、Miroslava Trajkovski、Dragan Trajkovski、Rae Langton、Alex Tenenbaum からは有益な感想をいただいた。また、オックスフォード大学出版局では、Peter Momtchiloff と Paul Boghossian、そして二名の匿名査読者から本書を改善する助言をいただいた。すべてのみなさんに多謝。

解説　「真理の形而上学」と「発話の認識論」——ウィリアムソン哲学の展開

ウィリアムソン教授のこと

ニュー・カレッジ（New College）は、オックスフォード大学の代表的なカレッジの一つである。ベリオール・カレッジ（Balliol College）、トリニティ・カレッジ（Trinity College）、そして著名な書店 Blackwell が立ち並ぶブロード・ストリート（Broad Street）を東に向かって進み、伝統的なパブ The King's Arm がある角からホリウェル・ストリート（Holywell Street）に入る。左手に Holywell Music Room を眺め、右手にやはり伝統的なパブ Turf Tavern の入り口を望み、さらに進むと左手に日本料理を提供する Edamame が見える（オックスフォードの学生が納豆ご飯を食べていたりする!）。そのちょっと先にニュー・カレッジのいかめしいエントランスがある。ホリウェル・ストリートは、かつて18世紀にアイルランドを代表する哲学者ジョージ・バークリ（George Berkeley）が晩年を過ごした地でもあり、哲学の盛んなオックスフォードの中でもとりわけ哲学の香り漂う一帯である。

私が初めてニュー・カレッジを訪れたのは２００２年7月23日のことであった。一年間の英国での在外研究が許可されて、英国での研究生活を始めようとしたときである。私はもともとジョン・ロック（John

Locke）、ジョージ・バークリ、デイヴィッド・ヒューム（David Hume）の三哲学者に代表されるイギリス経験論、なかでもロックの哲学に大いに関心を抱いており、しかし同時に、英米圏の分析哲学、とりわけ分析的な因果論や曖昧性の哲学にも強い関心を抱いていたので、ロックの母校であり、なおかつ曖昧性の哲学の展開を力強く引っ張っていたティモシー・ウィリアムソン教授の属するオックスフォード大学を、在外研究先として一も二もなく選択したのであった。いろいろと準備の甲斐あり、ニュー・カレッジ所属のウィリアムソン教授にオックスフォードのVisiting Philosopherとして受け入れていただいたので、渡英直後にまずはご挨拶をしにウィリアムソン教授を訪ねたのである。ニュー・カレッジは、"New"と銘打っているが、実は14世紀の建学で、それ以前に始まっていたオリエル・カレッジ（Oriel College）などと区別するためにニュー・カレッジと通称されるようになった。この土地に以前から存在した城壁（City Wall）を保存する約束で建てられたので、いまでも中世の壁が庭に残されている。

そのニュー・カレッジのエントランスを入って少し奥まで行き、城壁の見える庭の右手にある瀟洒な鉄製の門をくぐり、少し入って右側の建物にウィリアムソン教授の研究室がある。初めてお会いした2002年時点で、ウィリアムソン教授はすでに世界の分析哲学をリードする哲学者の一人であり、私はとても緊張していた。しかし、一度お会いしてみると、ニコニコしたとても気さくな方で、すぐに打ち解けて話すことができた。自身の担当学生以外に、多くの留学生や海外からの研究者との面談などもあり、想像を絶する多忙さのはずだが、遠い東からやって来た初対面の私に時間を割いてくれたこと、その包容力と寛容さに本当に感謝の気持ちで一杯であった。

ウィリアムソン教授は1955年生まれで、学部時代には数学と哲学を専攻し、その後アイルランドのダブリンのトリニティ・カレッジ（上に言及したバークリの母校！）の講師、オックスフォードのユニヴァーシティ・カレッジのフェロウ、そしてスコットランドのエディンバラ大学（上に言及したヒュームの母校！）の論理学と形而上学の教授を歴任した後、２０００年からオックスフォード大学の the Wykeham Professor of Logic として活動している。The Wykeham Professor of Logic は伝統的な職位であり、ウィリアムソンの前には、Ａ・Ｊ・エイヤー（A.J. Ayer）、マイケル・ダメット（Michael Dummett）、デイヴィッド・ウィギンズ（David Wiggins）といった著名な哲学者たちがそのポジションを占めていた。私は、在外研究中も、そして種々の学会などでも、ウィリアムソンの講義を多く聴いた。（一度だけだが、オックスフォードのセント・クロス・カレッジ（St Cross College）にて、ウィリアムソンの前で私自身も講義をしたことがある！）ウィリアムソンの英語は、ゆっくりと言葉を選ぶような重々しいもので、ときどき、こんな出だしで果たしてどうやって文章として落ち着くのだろうと思われるような言葉を発するのだが、驚くような仕方で文章を構成し、そうした不思議な文章が実は彼の議論の肝になっていた、ということがよくあった。そういうことに気づくとき、私は体がビリビリ震えるような知的興奮を味わったものである。ウィリアムソン教授とは今日に至るまで交流が続き、東京大学での研究会にも来ていただいたり、私が編集長を務める国際哲学雑誌 *Review of Analytic Philosophy*（MYU）の創刊号（２０２１年5月刊）にもメッセージを寄せてくれたりした。個人的にも多少の交流をしており、ご自宅にも何度かお邪魔している。２０１６年には、私どもの家族３人でご自宅に伺って、奥様でピアニストのアナ（Ana）夫人の手料理をご馳走になったのである。

ウィリアムソンのおもな著書を挙げておこう。

- *Identity and Discrimination*, 1990.

・*Vagueness*, 1994.
・*Knowledge and Its Limits*, 2000.
・*The Philosophy of Philosophy*, 2007.
・*Modal Logic as Metaphysics*, 2013.
・*Tetralogue: I'm Right, You're Wrong*, Oxford University Press. 2015.［本書の原本］
・*Doing Philosophy: From Common Curiosity to Logical Reasoning*, 2018.
・*Philosophical Method: A Very Short Introduction*, 2020.
・*Suppose and Tell: The Semantics and Heuristics of Conditionals*, 2020.

本書は、ウィリアムソンの著作の中では、対話形式を利用して思い切って一般向けに書かれたもので、異色の作品であると言えるだろう。日本語訳も実によくこなれたもので、訳者の片岡宏仁氏には、その達意の訳文に深く敬意を表したい。

曖昧性の問題

ウィリアムソンの哲学を一言で表現するのは難しい。彼の思考はいまも日々進展している。ただ、おおまかには、数学や論理を専攻していた経歴からして、「論理学の哲学」周辺をおもな主題としてきたとは言えるが、論理式を多用するガチガチの分析的議論かというと、必ずしもそうも言えない。彼の議論が最初に大きな影響力を持ったのは、なんと言っても、「曖昧性」（vagueness）についての議論である。曖昧性というのは、たとえば「寒い」(cold)とか「背が高い」(tall)といった述語に顕著に現れる性質で、それを述語として用いる文章が真であるとも偽であるとも言えない「境界線事例」(borderline cases)をもたらす、そういう言葉のありようのことである。もちろん、言葉ではなく、客観的対象、たとえば「富士山」のような対象にも曖昧性は指摘されうる。富士山の裾野の一帯のどこからが富士山になるのか、物理的事象のレベルで曖昧性があり、「境界線事例」が発生しうるからである。すなわち、曖昧性の問題には、言語的曖昧性(linguistic vagueness)と存在的曖昧性(ontic vagueness)の二つの問題領域があるのである。ウィリアムソンの議論は、どちらかというと、言語的曖昧性を主たるターゲットにしていると言える。ただし、かなりユニークな仕方において、である。

なぜ曖昧性がそんなに問題なのか。それは、きわめて受け入れがたい結末をもたらし、論理的な原則への疑問を投げかけるからである。たとえば「摂氏2度は寒い」(c2と表す)というのを真だと認めたとしよう(およそ認められるだろう)。さらに、「もし摂氏2度が寒いならば、摂氏2・01度も寒い」(「c2ならばc2.01」と表す)も認めざるをえない。なぜなら、摂氏2度と摂氏2・01度は、体感的に識別できないからである。そして、この二つの文を認めると、論理の基本原則として知られる「前件肯定式」(modus ponens)により、「摂氏2・01度も寒い」(c2.01)が導かれる。前件肯定式とは、「Pおよび「PならばQ」を前提するとき、Qが結論される」という原則のことであり、論理的原則として知られるものの中で、「無矛盾律」や「排中律」と並んで、最も基本的でなおかつしばしば実際に活用される原則である。

しかしながら、いまの例のように、「c2.01」が認められると、同様な論法により、「もし摂氏2・01度が寒いならば、摂氏2・02度も寒い」も認められることになる。摂氏2・01度と摂氏2・02度は体感的に識別できないからである。かくして、こうした推論を続けていくと、たとえば「摂氏40度も寒い」という不条理と思える結論まで至ってしまう。これは「ソライティーズ・パラドックス」(sorites paradox) と呼ばれる逆理である。このパラドックスは、逆に、「摂氏40度は寒くない」という「寒くない」を述語づける、受容可能な主張 (not-c40 と表せる) から、順に低い気温へとたどっていくと、たとえば、先の推論において「摂氏17度は寒い」(c17) が出てくるのに対して、「摂氏17度は寒くない」(not-c17) が導き出されることになり、明白な矛盾を発生させる。

問題の一つの源泉は、「前件肯定式」にある。「前件肯定式」を適用することでパラドックスが発生してしまうからである。かくして、一つの解決法として、多値論理とかファジーロジックなどの、真偽の二値に限定しない意味論を適用するとか、文を受容するときの信憑度のような主観確率を導入するかして、前件肯定式の適用を制限する、という道筋が容易に考えられる。しかし、それ以外に、「ソライティーズ・パラドックス」に対しては、前件肯定式を含む標準的論理を保全するような方向にて、別の有力な対処法が提起されてきた。一つは、キット・ファイン (Kit Fine) が主として提起した「重評価論」(supervaluationism) である。その基本的発想は、曖昧な述語を用いた文の中で真と偽とも言えない領域については、その領域中の特定のどこかではないけれどもどこかで線引きをする (「精確化」(precisification) と呼ばれる) ことができる、それゆえ、(上の例で言えば)「c17 または not-c17」は論理的真理 (排中律) と捉えられる、よって、たとえ曖昧な領域があり、真でも偽でもない「真理値ギャップ」が認められるとしても、真偽二値を基準とする標準的な論理 (前件肯定式も含む) は保全される、とするものである。非常にトリッキーに感じられる対処法だが、曖昧性の問題に大きな影響を及ぼした考え方である。

これに対して、曖昧性の問題を主題にしたウィリアムソンは、「認識説」(epistemic view) と称される、「重評価論」とは別口の、視点の転換を促す議論を展開した。すなわち、曖昧な述語が用いられている境界線事例の文は真か偽かのどちらかなのだが、私たちはどちらなのかを知らない、私たちはその真理値について無知なのだ、とする立場を提起したのである。言い換えれば、「命題」(proposition)に関しては真偽二値のいずれかに確定しているとする「二値原理」(bivalence)が成立しているのであり、そういう意味でむしろ曖昧性の問題は、「命題」ではなく私たちの「発話」(utterance)に関して発生しているのだ、とする主張である。ウィリアムソンはこう明言している。「曖昧性の問題は発話の分類に関する問題である。真理保持者(truth-bearers)としての命題に関して問題となるべき二値原理の形態をここで論じてしまうならば、曖昧性についての論争のポイントを逸してしまう」(*Vagueness*, p.187)。意味論(真や偽を論じる分野)的観点から曖昧性の問題を扱うという、なんとなしに陥りがちの前提に対して、ガツンと衝撃を与える議論であり、その後の論争に重大な一石を投じるものであった。

ウィリアムソン哲学の二面性

こうしたウィリアムソンの初期の議論から窺い知れること、それは、私の感触では、ウィリアムソンの哲学のある種の二面性である。一つには、二値原理を旨とする標準的論理に対する強いコミットメントが間違いなくあり、実際その後の彼の議論にも、必ずしも顕在的にではないが、そうした側面がちらちらと見え隠れする。数学の研究から出立した出自が影響しているのかもしれない。ただ、私の理解では、こうした二値性の立場は認識論的な検証を越えたものであり、それゆえ、「真理の形而上学」と称しうる側面である。しかし他方で、ウィリアムソンの哲学は、曖昧性の問題を発話の問題に位置づけているように、曖昧性とか不確定性とか確率とか、そうしたカチッと決めがたい事象のあり方を認識論的そしておそらく実践的な視点から暴き出そうとする側面も強力に有している。これは「発話の認識論」と称しうる側面であり、もしかしたら、オックスフォードの先達であるJ・L・オースティン（J.L. Austin）の言語行為論、そしてダメットの反実在論、といった雰囲気をなにがしか引き継いでいるのかもしれないと推測できそうである。私自身のウィリアムソン哲学についての暫定的な整理をあえて言えば、彼の議論は、曖昧性の議論の中で立ち上がってきた「真理の形而上学」と「発話の認識論」の振幅のなかで展開されてきた、と言えそうに思えるのである。

こうしたウィリアムソン哲学のありようは、「知識第一主義」（knowledge first）という衝撃的な立場を打ち出した問題作、*Knowledge and Its Limits* においては、まずもって「発話の認識論」的側面に大きく傾いて展開された。「知識第一主義」とは、「正当化された真なる信念」（justified true belief）という形で「知識」が「信念」などによって定義されている一般的かつ伝統的な理解に対して、「知識」は信念などによって定義されるものではなく、それ自体が原始概念であり、むしろ「知識」こそが正当化や信念を説明する役割を担う、とするかなり大胆な主張のことである。ウィリアムソンは、「知識」を一種の心的状態と捉えて、主体の持つ evidence（確信感とでも訳してよいものかもしれない）を知識と強く結びつけ、「主張」（assertion）といった発話に結びつく局面を知識概念解明のための主題として詳しく論じた。また、ウィリアムソンは、私たちは真である事実を知りうる、という考え方を「明輝性」（luminocity）と呼び、そうした明輝性は成立しないとする「反明輝性」（anti-luminocity）の立場を鮮明にした。これは、曖昧性の問題に関する「認識説」を一般化した考え方であり、「発話の認識論」の普遍化であると同時に、真理がそれを越えたところにあることも暗黙に示唆し、「真理の形而上学」をも垣間見せる展開である。この「知識第一主義」もまた、曖昧性に関する「認識説」と並んで、ウィリアムソンが現代哲学に投げかけた衝撃波であったと言える。

こうした流れの中、ウィリアムソンは、「思考実験」(thought experiments)について関心を強め、「知識第一主義」の文脈でも問題になった「正当化された真なる信念」という知識理解に対して提起された、かの有名な「ゲティア問題」などを取り上げて、「反事実的条件文」(counterfactual conditionals)を絡ませた分析を展開した(*The Philosophy of Philosophy*, Chapter 6)。さらには、*Modal Logic as Metaphysics* という大部の著作において、「偶然主義」(contingentism)や「必然主義」(necessitism)について現代の論理学を駆使してかなり厳密に論じた。たとえば、「必然主義とは、すべてのものは必然的に何かであることは必然的である、という主張であり、ここでの「すべてのもの」とか「何か」という量化子は、いかなる文脈的制限もなしに、絶対的に普遍的なものとして理解されなければならない」(*Modal Logic as Metaphysics*, p.14)。こうした「真理の形而上学」を暗示するような問題設定のもと、ウィリアムソンは、論理学と形而上学の関係とか、形而上学的立場の不一致の問題などを解明する有望なツールとして、「高階様相論理」(higher-order modal logic)を取り上げ、詳しく論じた。つまりウィリアムソンは、「発話の認識論」にやや傾斜した前作 *Knowledge and Its Limits* の視点から、「反事実的条件文」や「様相概念」といった論理的な問題圏に振れ戻り、「真理の形而上学」のさらなる展開を試みたのである。

この流れは、最近作での *Suppose and Tell* において、さらなる進展を見せた。この著作の中でウィリアムソンは、一般に「直説法条件文」(indicative conditionals)と「反事実的条件文」(counterfactual conditionals)とが峻別されて分析されるのが常であった条件文の哲学の領域に関して、「ヒューリスティックス」(heuristics)や「想像力」(imagination)を媒介して、そして「真理関数的見解」(truth-functional view)を洗練させて、二つの条件文を区別しつつも、両者をスムースにつなげるかのような議論を展開している。この最新作もまた衝撃的な論点が盛り込まれた著作で、「真理の形而上学」と「発話の認識論」の両側面が絶妙に混ざり合った、ウィリアムソン哲学の円熟した姿が読み取れるのではないかと思われる。ウィリアムソンの哲学には、ユニークな哲学のご多分に漏れず、多くの厳しい批判が加えられているが、むしろそうしたこと自体、彼の哲学が刺激的で衝撃的であることの証であろう。ウィリアム・オッカムやジョン・ロックなどの重厚な背景を背負った、イギリス・オックスフォードの哲学の伝統を守り耐え抜くウィリアムソンの姿は、私には（大げさかもしれないが）嵐の中に屹立する孤高の哲学者のように映るのである。

科学と宗教

さて、以上のような流れで見取ることができるウィリアムソン哲学だが、本書『テトラローグ』は、一般向けの対話篇ながら、ウィリアムソン哲学の特徴が絶妙に織り込まれた、アクセスしやすい著作となっている。まず、「テトラ」すなわち「4」人の対話者は、次へのような立場を象徴している。

サラ：科学主義あるいは科学至上主義、ただし道徳については絶対性は認めない
ボブ：反科学主義、魔女を信じる
ザック：相対主義、すべては各人の視点に依存するとする
ロクサーナ：論理的思考重視、世界の事態との一致という真理概念を強調する

日本語訳もスムースで読みやすく、内容的にも専門的知識はまず必要ないので、まずは通読することを

お勧めしたい。4部構成で、各部の後に訳者による懇切丁寧な「ふりかえり」が付されているので、一層読みやすい書物になっている。ぜひ、哲学対話の、入り組んでぐちゃぐちゃしつつも、刺激満載で、ユーモアたっぷりの知的魅力あふれる議論を存分に堪能していただきたい。また、私の右の説明からも示唆されうるかと思うが、4人の対話者の中で、おそらくウィリアムソン自身に近いのはロクサーナであろうと思われる。むろん、ロクサーナとウィリアムソン自身がぴったり同一ではないが。

この「解説」の場では、要約的説明は不要なので、読者の理解の助けになるかもしれないいくつかの点について述べておこう。第一に、ボブが魔女の存在を信じているという宗教的あるいは呪術的設定が、あまりに常識外れで、まともな議論の話題になりうるのか、という疑問を抱く方がいるかもしれない。たしかに、もっともな疑問である。けれども、哲学をかじると、決して奇妙な設定ではないことが分かる。もちろん、いわゆる「疑似科学」(pseud-science)の類いとして魔女の存在が挙げられているのだろう、という理解をする方もいるだろう。水からの伝言とか、ホメオパシーとか、あるいはいまなぜか異様に興隆している「地球平面説」(flat earth)などが代表的な疑似科学だろうか(ただし、何が疑似科学かについては多種の見解がある)。魔女の存在もそうしたものの一つと理解されうるだろう。けれども、疑似科学という呼称自体ネガティブな含意があり、間違っている、という意味が込められている。それに対して、本書でのボブの言う魔女の存在は、ネガティブではない、もうすこしニュートラルな見解として導入されていると思われる。

魔女の存在をある種の宗教的な信仰であると捉えて説明してみよう。実は、もともと議論の大枠の構造という点では、科学と宗教は同様である、というのはよく知られた論点なのである。それは遠くヒュームの議論に遡る。科学というのは、自然の中に法則性や秩序がある、ということを前提して、観察や実験によってそれを見出していく、という営みである。そもそも自然の現象がまったくランダムなのだとしたら、検証とか再現実験とかは意味をなさない。一回ごとに異なる、その他の時間での出来事とはなんの連関性もない形で現象が発生してしまうのだとしたら、科学は一体何を発見するために営まれるのか、訳が分からない。よって、科学的探究が有意味に成立するためには、自然の中に秩序や法則性があると考えなければならない。こうした考えをヒュームは「自然の斉一性の原理」と呼んだ。自然は、同様な条件のもとでは、斉一的な現象を繰り返す、という考えのことである。

では、しかし、この「自然の斉一性の原理」が成立することはどのように確認できるのだろうか。まさしく自然科学的な観察や実験によって確認できるだろうか。しかるに、「自然科学的な観察や実験」によって何かを確かめる、という営み自体が有意味に成り立つためには「自然の斉一性の原理」が必要なのだから、その営みによって「自然の斉一性の原理」が成り立っていることを確認するというのは、循環になってしまい、確認の体をなさない。では、「自然の斉一性の原理」は論理的に成り立っているのか。それも違う。論理的に成り立っているならば、その否定は矛盾してしまうはずだが、「自然の斉一性の原理」が成立しない世界は矛盾などせず、容易に表象可能である。だったら、私たちはどのように「自然の斉一性の原理」を受け入れているのか。ヒュームは「想像」に訴えて説明した。要するに、理論的には正しい考え方として説明できず、「想像」によると述べるしかなかったのである（『人性論』（一）大槻春彦訳、岩波文庫、第一篇・第三部・第六節）。

この点は、20世紀の哲学者ホワイトヘッド（Alfred North Whitehead）の記述が一層印象的である。ホワイトヘッドは名著『科学と近代世界』の中でこう述べている。「理性への信仰は、事物の究極の本性とはすべて相まって調和を成すというところにあり、諸事象が単に恣意的に生じているという見方は排除されるべきだ、ということへの信頼である。それはつまり、事物の根底に単なる恣意的な神秘を見いだすことはないという信仰である。自然科学の勃興を可能にした、自然の秩序への信仰（the faith in the order of nature）は、一段と深い信仰の特殊な例である。この信仰は、帰納的な一般化によっては正当化することはできない」（*Science and the Modern World*, Free Association Books, 1985, p.23）。世界の自然現象に秩序や法則性があることそれ自体は、確認できるようなことではなく、単に「信仰」（faith）するしかないものだ、とホワイトヘッドは見破ったわけである。要するに、自然科学の営みの最深部の根底に、ある種の宗教的信仰が宿っているということである。一見すると驚くべきことのように思えるが、哲学の世界ではよく知られた論点である。

科学と宗教が同根の営みであることは、科学革命の時代を彩った一人、ドイツの天文学者ヨハネス・ケプラー（Johannes Kepler）の逸話によっても知られる。ケプラーは、師匠のティコ・ブラーエ（Tycho Brahe）が残した天体のデータを数式で表現しようとしてもできずに悩んでいた。ケプラーは敬虔なキリスト教徒だったので、神が世界を創造し、神は人間を神の似姿として創造したのだから、自然界には人間が努力すれば発見できる法則性があるはずで、それを発見することによって神の偉大さを確証できるはずだと考えた。そしてついに、天体は円軌道をしている、という古代以来の前提が間違っていたのであって、楕円軌道をしていると考えればうまくいくのではないかと思いついた。かくして、ブラーエの残したデータの中に見事な規則性があることを発見したのである。このような逸話によって、近代科学が宗教的信仰との連携のもとで立ち上がってきたこと、すなわち科学と宗教の同根性を確認することができる。だとしたら、本書の中でボブが魔女の存在を信仰して、それに対してサラが非科学的だと非難するという対話の骨子が、実はかなり哲学的に意義深く、繊細な論点に触れていることがお分かりいただけるだろう（一ノ瀬正樹『英米哲学入門』、ちくま新書、2018年、pp.26-27参照)。ウィリアムソンは明らかにそうした含意を込めて、対話を設定していると思われる。

逆に、サラのように、何でも科学的に解明できるはずだとする科学至上主義それ自体、間違ってもいるし、道徳的にもまずい、という捉え方もありえる。たとえば、事象間の因果関係について、科学至上主義の立場からは最終的には科学的に解明できるとする主張がなされるだろう。けれども、何かがないこと、つまり「不在性」(absence) が原因として指定される可能性を考えると、科学的な解明や立証はほぼ不可能である因果関係が想定される。たとえば、交通事故の原因として、人間の側のさまざまな不作為や過失、ある種の脳内現象のもともとからの不在などが原因とされることがありうるが、そうした原因はそもそも出来事ではないのでデータが取れない。よって科学的な解明はまずできない。何の不在が原因かは、科学ではなく、規範的な判断によって判定されるものである。そうした事例が多々あるにもかかわらず、科学的な解明の万能性を信じるとするのは、根拠のない信念を自己欺瞞的に信奉することになり、いわば「認識的悪徳」と見なされうるだろう (Jeroen de Ridder, Rik Peels, and Rene van Woudenberg, *Scientism: Prospects and Problems*, OUP, 2018を参照)。

真理と道徳

次に触れておきたいのは、ロクサーナがタルスキーの真理概念に触れている部分についてである。ロクサーナは、そのことを「現にそうであることをそうであると言ったり、現にそうでないことをそうでないと言うのが真理である」(58頁) と、アリストテレスの言葉を使って表現している。これは事実と文との対応関係を名指した、実にシンプルな定式化であるが、同時に、非常に核心的で根源的な真理概念の捉え方である。ただ、すぐに気づくように、いくつかの疑問を惹起する。まず、そういう事実が確認できていない、あるいはそもそも原理的に確認できない場合、真理概念はどのように理解したらよいのか、という疑問である。「徳川家康は1616年に亡くなった」という事実は、直接的には確認できない。それは、そもそも原理的に確認できない。こういう場合、事実と文の対応関係をどのように判定したらよいのか。ここに形而上学が侵入してくる。ウィリアムソンの「真理の形而上学」が機能する場面である。

次に、この真理概念の規定における「真理」とは、それ自体事実なのか、それとも言葉なのか、という素朴な疑問が湧出するだろう。果たして「真理」とは一体どういう身分のものなのだろうか。少し反省すれば分かるが、「真理」は恐ろしいほど強力な概念である。どんな主張にも、まるで背後霊のようにまとわりついてくる。ザックが、どのような考え方もその人の視点に依存する、という相対主義の立場を提起したが、それを一つの主張として提起している以上、ザックは、たとえ明示しなくとも、「どのような考え方もその人の視点に依存する」は真理である、と主張していることになってしまう。これをどう処理するかが、相対主義を展開するときの最大の試金石である。

しかし、いま相対主義に関して言及した、「何々は真理である」という、真理概念の、いかなる主張にも付加しうる、主張の表面の背後に隠れている使用法は、逆に言えば、真理概念を明示しなくてもいい、という捉え方を促す。いや、もっと強く、真理概念などなくてもいいのではないか、という捉え方を促すようにさえ思える。「プルトニウム239の半減期は約2万4千年である」というのと「プルトニウム239の半減期は約2万4千年であるは真理である」とは、内容として何も違いはないではないか。だったら、「真理」のようなややこしそうな概念はかえって使わない方が紛れがないのではないか。こうした考え方が出てくるのは必定であり、実際第Ⅱ部のザックは、真理や虚偽の概念を使用する習慣的なゲームを拒否する（63頁）と断言している。そして実際、こういう真理概念などなくてもいい、かえって使わない方がいい、という考え方は現代哲学の中でも一定の説得力を持って流布している。一般に「真理のデフレ理論」と呼ばれる立場である。タルスキーの定式化から始まりデフレ理論にいたるまで、真理をめぐる哲学的議論は驚くほど錯綜しているが、根源的な思考に沈潜する喜びを堪能できる主題でもある（チェイス・レン『真理』野上志学訳・一ノ瀬正樹解説、岩波書店、2019年を参照）。いずれにせよ、このような文脈での真理概念は、「何々は真理である」と述べるときの言葉としての真理概念にほかならない。ウィリアムソンは、ザックを介して、「発話の認識論」の側面を垣間見せていると言えるだろう。

最後に、道徳的な言明の正しさ、といった第Ⅳ部で扱われたトピックに一言補足を加えて、この解説を終えたい。実は、本書では詳しく触れられていないが、道徳的命題の意義という問題に関しては、それは真偽が語られるような命題や文ではなく、情動の表出なのである、という「表出主義」（expressivism）と称されるメタ倫理学の立場がつとに知られている。この立場だと、「何々すべき」といった行為を規範的に動機づける事態も説明しやすい。道徳的命題が正しいとしても、なぜそれに従わなければならないのか、という疑問が出てきてしまいうるが、表出主義の立場では情動が基になっているので遵守を説明しやすい。サラはこうした表出主義に直接触れていないが、彼女が「科学は価値判断しない。道徳のありようを選ぶのは、つきつめていくと個人の好みの問題でしかない」（155頁）と述べているときには、道徳を好悪の感情によって説明する立場に肉薄しているとは言える。

しかるに、こうした表出主義は、一見有望に見えても、本書が問題にしているような意思決定に関する推論の場面で重大な問題を引き起こす。たとえば「母親が子どもを叩くのは悪い」（A文とする）をとりあげよう。これは表出主義によって、ある種の嫌悪感として説明できる。しかし、こうした文は条件文のような複合的な文にも埋め込まれうる。たとえば、「もし母親が子どもを叩くのは悪いならば、父親が子どもを叩くのも悪い」といった条件文（B文とする）である。けれども、B文を主張しているとき、その内部に埋め込まれている前件のA文にはとりたてて嫌悪感が伴われているわけではなく、単に条件として想定されているだけなのではないか。つまり、字面は同じA文でも、表出主義的には異なる文であると言うしかないように思われるのである。では、A文とB文を前提して、「父親が子どもを叩くのは悪い」（C文とする）という結論を導くことはできるだろうか。「前件肯定式」を承認する限り、A文とB文からC文が導出されねばならない。けれども、道徳的命題は情動を表すという、一見説得的な表出主義の立場を取ると、こうした「前件肯定式」が妥当ではなくなってしまいうるのである。これは「フレーゲ・ギーチ問題」と呼ばれる（久米暁「フレーゲ・ギーチ問題の射程」、京都大学哲学論叢刊行会『哲学論叢』39：27-45、2012年）。メタ倫理学上の難問の一つであり、大きな論争をもたらした問題である。本書第Ⅳ部の議論の背後には、こうした難問が多々待ち受けている。本書の議論は、そうした現代哲学の論争のアリーナに潜在的な射程を広げているのである。

本書を読み、ウィリアムソン哲学の「真理の形而上学」と「発話の認識論」の振幅を感じ取り、哲学を考える喜びをぜひ味わっていただきたい。

令和3年11月

一ノ瀬正樹

著者

ティモシー・ウィリアムソン（Timothy Williamson）

オックスフォード大学教授。専門は、認識論、哲学的論理学、形而上学、言語哲学など。著作に *Suppose and Tell: The Semantics and Heuristics of Conditionals* (Oxford University Press, 2020), *Knowledge and Its Limits* (Oxford University Press, 2000) など。

訳者

片岡宏仁（かたおか　ひろひと）

大阪市立大学ほか非常勤講師。英語学博士（関西外国語大学：Grammatical Semantics of Modality, Counterfactuality, and Tense）。

解説

一ノ瀬正樹（いちのせ　まさき）

東京大学名誉教授、武蔵野大学教授、オックスフォード大学名誉フェロー。著書に『原因と理由の迷宮：「なぜならば」の哲学』（勁草書房、2006年)、『いのちとリスクの哲学：病災害の世界をしなやかに生き抜くために』（MYU、2021年）など多数。

テトラローグ
こっちが正しくて、あんたは間違ってる

2022年1月26日　第1版第1刷発行

著　者　ティモシー・ウィリアムソン
訳　者　片《かた》岡《おか》宏《ひろ》仁《ひと》
解　説　一《いち》ノ《の》瀬《せ》正《まさ》樹《き》
発行者　井村寿人

発行所　株式会社　勁《けい》草《そう》書房
112-0005 東京都文京区水道2-1-1　振替 00150-2-175253
（編集）電話 03-3815-5277／FAX 03-3814-6968
（営業）電話 03-3814-6861／FAX 03-3814-6854
堀内印刷所・松岳社

ISBN978-4-326-15483-8　Printed in Japan